U0587392

# 时尚的迷宫

〔日〕 鹫田清一　著

吴俊伸　译

重庆大学出版社

# 目  录

## 序　失常的比例

### 1

我们总是想要越开心越好，但若是超过了一个临界点，就会乐极生悲。太少的快乐让人不满，达到饱和的快乐却会变成痛苦。沉浸在喜悦之后的空虚，和深陷于痛苦之中的麻痹，有时候还真的很难区分。

我们不停地从"不足"走向"过剩"，或者反过来，从"过剩"走向"不足"，但却无法停留在某一端的极点。同样，我们既听不见过大的声音，也听不见过小的声音；我们看不见太亮的东西，也看不见太暗的东西；离得太远我们看不到，离得太近我们也看不到；太长的句子难以理解，太短的句子也同样不简单。

于是我们总是陷入这两端之间的深渊，在无法到达一端的时候总是跑向另一端，结果只在两极之间徘徊。布莱兹·帕斯卡[01]把这种状态称为"人类的比例失常"：

---

01　布莱兹·帕斯卡（Blaise Pascal，1623年6月19日—1662年8月19日），17世纪法国科学家、思想家。他的哲理散文集《思想录》（*Les Pensées*）首次出版于1669年，反映了他的神学和哲学思想。

"人在自然界中究竟是什么呢？对于无限而言是虚无，对于虚无而言又是全部。人就是介于虚无和全部（无限）的中值。人类无限地远离了对这两个极端的理解。对于人类而言，它永远隐藏在一个秘处。人类永远也看不见吸引他的虚无，也看不见吞没他的无限。"

——《思想录》，72

## 2

比例失常——比例的缺失，指不合比例、不平衡，或是某种反向作用引起的分裂或不稳定。"比例"是服装设计中最重要的部分：身体的大小和衣服的尺码、外套和裙子的长短、领子的形状和领带的宽幅、纽扣和口袋的位置、色彩和素材的搭配组合、服装整体和季节感之间的关系，等等，这些都和所谓的"正确比例"息息相关。只要是衣服上的一个元素变了，因为这个"比例"，其他部分和它的关系也会发生改变，细节的变化会让整体完全不一样。"画家在习得某种风格的时候，同时也打开了与现在完全不同的领域。以前所有表达过的东西，会想要从头开始，再来一遍。"（莫里斯·梅洛 - 庞蒂 [02]）

---

02　莫里斯·梅洛 - 庞蒂（Maurice Merleau-Ponty, 1908 年 3 月 14 日—1961 年 5 月 3 日），法国 20 世纪最重要的哲学家、思想家之一，是法国存在主义的杰出代表。

服装怎么来说都是可视的物体，在视觉上总存在"好看"（或者"不好看"）的比例关系。但是，选择材料，剪裁，缝合以后，各个部分组合成为一件件看得见摸得着的衣服，在这个过程中有一条看不见的"魂之线"，这本身就是一种巨大的不平衡的作用。人类因为自己本身根源的不平衡而将自己翻来覆去地折腾，也许这也是为何人们总是搅动着时尚，使其富于变化的原因吧。

### 3

时尚的每个方面都无时不刻地体现着我们，或者每个"我"的比例失常。

比如说，衣服真的是为了遮蔽身体的吗？在"遮蔽"这个行为中，也包含着"呈现、强调"这个完全的逆向选择。女性在晚宴或舞会上穿的晚礼服通常都大胆地展露着胸前，吸引着男性的视线，成为一个焦点。而正是布料和肌肤之间的对比，这种呈现／遮蔽的相反交叉，让人的视线变得热烈起来。若是在裸露的胸前加上扇子，这种"连带"效果就会再加倍。

"扇子是有着优美传统的舞会饰品。同手卡和蕾丝手绢包裹的花束一样，它让戴着精致手套的年轻舞者有点事做。更有经验的成熟女性则更会利用这个移动的帏幔。不管是出挑的颜色，精妙的图样与细致的手工，都是这些女性手里的工具。仅仅是扇扇子起风这一点，就让很多优雅的动作成为可能。它是如何被舞动，是打开还是合起来，拿起来还是放下，揭开了本来应该藏起来的，模糊了本来应该露出的。在衣服静止不动的同时，扇子却能不停地动，它让交流、游戏、挑逗甚至阴谋都成为可能，闪烁的眼神与小心翼翼的耳语中夹杂着大胆的誓词。扇子能够精准地允许这一切的存在，因为它看上去是禁止这些的。"

——菲利浦·佩洛[03]，《服装的考古学》

在时尚中能见到很多这样的例子：迷你裙也好，透明衬衫也好，还有高开衩的长裙等，风一吹就能显出身体轮廓的"流线造型"，它们都是一边诱惑一边拒绝，在煽起欲望的同时，却比谁都禁欲。

又或者说，衣服真的是保护身体的吗？衣服在保护身体的同时，也有着让身体受伤，让身体变形的能力。

夜里一个人剪着脚指甲的时候（虽然我小时候被告知说晚上不能剪脚指甲），突然仔细地看一下自己的脚趾头，有时候真会吓一跳。大脚趾的朝向完全和别的脚趾头不一样，中间的脚趾关节弯曲，小脚趾更是看起来完全不像个脚趾，

---

03　菲利浦·佩洛（Philippe Perrot），意大利历史学家、服装史学家。

而像个三角锥子。鞋子虽然将脚与大地隔离，将脚温暖地包裹、保护，鞋的形状却给脚带来痛苦，让它变得畸形。高跟鞋更是这样，一方面它支撑着整个身体，另一方面它却又只为让身体无法放松而存在。紧身胸衣则是完全脱离了衣服保护身体的功能，让身体的轮廓乃至内脏都变形。

隐蔽的同时显现，诱惑的同时拒绝，保护的同时破坏，这些反方向的运动，对立的向量在服装的构造里激战。服装构造里拥有这个两面性，一个构造的过程里，在它的另一面一定有着推翻这个过程的运动。规定着服装风格的各式各样细微的看不见的规则，也一定有其相应的反规则，我想这也是一种平衡吧。

像军服、校服这样的制服，或者简单的男式内裤、泳裤，它们看起来千篇一律，却让人不能一眼看透。在它们的表面之下，隐藏着的却是无限可能的多样性。

## 4

但是，即使发现了最大的平衡点，也只是一种瞬间的侥幸。由相斥能动性引发的失常比例，在时间上也是对自己的否定与再生长的轮回。

风格总是在回归。在时尚的历史里，裙子的长短，裤子和领带的宽度，总是往返在固定的尺寸之间。腰带也总是循环在皮革、化纤、合成树脂、金属这些素材之中。衣服总是离身体的轮廓越来越远，超过一定的范围之后便会掉头，又回到贴近身体的状态。在遮盖全身的时尚过去之后，直接装点皮肤的时尚就会马上兴起，什么衣料都不要，回到原始人的裸体状态。

马克·奥迪拜特（Marc Audibet）、阿瑟丁·阿拉亚（Azzedine Alaïa）、让·保罗·高缇耶（Jean Paul Gaultier）都在 1986 年的时装秀上重现了 20 世纪 60 年代流行的弹力紧身裤、迷你裙和透视装，但并不是单纯的重复。其所使用的材料和相应的技术与廓形，与其他风格的搭配关系，或者穿在身上的感觉，以及每一个环节所倾注的心血都是不同的。同时，与其说他们在改变"女性形象"，不如说他们一直在变化中讨论"什么是女性"这个问题。即使通过视觉媒体表现出具有现代感的"裸露风格"，它也是在将时尚极度地内在化，这与单纯地剥光衣服的裸体并不一样。

时尚总是在变化的。在这个过程中，总有东西会来来回回地反复出现，但同时，时尚又无时不刻地将自己差异化。在这个两极化的过程中，时尚一边回归自己，一边又远离自己，试图成为完全不同的他人。它给自己打开一个游动空间，并在空间内循环运动，但它却又试图逃离这个游动空间，走向其他的东西。在变得更加强大的同时，却又道出了自己本身的对立性。

自我创造出来的东西连接着背叛自我的东西，自己给自己设定的东西连接着瓦解自己的东西，这样如此矛盾的内在运动，从根本上来说，还是之前提到的"比例失常"。

## 5

时尚的这种在矛盾中的撕裂，在"比例失常"中受苦，又或者说人在自我存在本身的失衡里挣扎，是个真正的问题。

"人类时常分裂，反对自己本身。"

—— 《思想录》，412

# I
# 拘束的反论

# 1 意识的皮肤

## 错误的身体

我的一个女学生 Y 在写关于"羞耻"的论文的时候，针对她的朋友们进行了一次问卷调查。她在研究像马克斯·舍勒[01]的《羞耻与羞耻心》，赫尔曼·施赖贝尔[02]的《羞耻心的文化史》等著作的同时，也在同学和朋友中针对"羞耻心"做了一番调查。在这份调查里有一个问题是："你对自己身体感到最害羞的地方是哪里？"

回答中有"遮不住的脸""鼻孔""臭脚""腿毛浓密的小腿"等，而很多人（特别是女学生）都表明了自己对自己身材和尺码的羞耻。比如：

"大脸""方脑门""一兴奋起来就疯狂抖动的鼻子"
"左右大小不一样的胸""平胸"
"常被嘲笑的粗手臂"

---

01　马克斯·舍勒（Max Scheler, 1874 年 8 月 22 日—1928 年 5 月 19 日），德国著名哲学家和人类学家。
02　赫尔曼·施赖贝尔（Hermann Schreiber, 1920 年 5 月 4 日—2014 年 5 月 4 日），奥地利作家和历史学家。

**11**

"又短又胖的手指"

"没有腰围的腰"

"引人注目的突出小腹""像怀孕了一样的肚子""好像瞬间到达中年一样的'三段腹'"

"下垂的臀部"

"O 形腿"

"撑不住袜子的脚踝""没有脚脖子的脚"

"当自己的鞋子脱下来放在正常大小鞋子旁的时候……"

在试衣间的我们总是注视着自己，不安地问着自己"这件衣服到底适不适合我呢？"为了给"最棒的自己"增光，不背叛这样的自己，我们总是慎重地选择衣服和饰品。但若并没有与生俱来的好比例，就会觉得"再美的裙子也打了水漂"。时尚所推崇的"平衡美感"或"完美的比例关系"都深深地渗透在我们每个人的身体意识中。时尚的视线却好像能够完全无视身体和服装之间实实在在的差异，轻松地跨越这个界限。

在我们的身体表面游荡着关于美丑对错的规则：这些看不见的规则深藏于身体的各个角落，让每个细节与小动作都暴露无遗。这些看不见的规则不属于任何人，却在时尚杂志或商品目录中拥有了可视化的形象，更加巩固了自己的地位。"美胸""美丽的线条""美丽的姿势"甚至"正确的走路方法"，我们无时无刻不被这些条条框框威胁着，被自己对自己的不安所骚扰。

问：

我的嘴唇很厚，是传说中的"香肠嘴"。我很想尝试整形，让嘴唇变得薄一点，显得高级一些。但是我又听说手术后会容易有皱纹……？

（16 岁，烦恼的少女，水瓶座，大津）


答：

对于日本女性来说，理想中的标准嘴唇厚度为上唇 8 毫米，下唇 10 毫米。最近稍厚的嘴唇也开始变得有人气，但是如果太厚的话还是会让人觉得笨重或者低级。让嘴唇变薄的方法是：在嘴唇的内部镜面型切开，在黏膜下方取出脂肪然后再缝合起来便可。因为有局部麻醉，手术完全无痛，术后只需要来院复查两次。为了清洁卫生，防止细菌进入，术后两周请只食用柔软的食物。在皱纹方面则并不需要有任何担心。


"我有一具错误的身体"，这位女孩肯定是带着这样的想法，想在自己的嘴上"动刀子"，改造自己的身体。


试图通过有氧健身操获得更完美曲线的女性不在少数，更不用说各种方式的丰胸与瘦身。很多人只想着瘦下来就开始节食，虽然也有成功的例子，但是很多人失去了对食欲的控制，陷入厌食症或者过食症的困扰之中。还有的人甚至误入酒精或药物中毒的歧途之中。

像上文中的这位少女，虽然整形也是手段之一，但其中也暗藏着悲剧：时尚本来就是背叛自己、更新自己的存在，更不用说时尚系统的变更，每次都翻个底朝天。在一个系统中被认为的"美"，很可能在另一个系统中突然变成了"丑"。那这样就得再做一次手术？再一次，划开、改变、缝合，在这个过程中，肉体被缝缝补补，俨然成了同衣服一样的存在。

### 时尚的初衷

我们每个人的内部都埋藏着一种无形的力量，一种直觉，即使我们自己并不知道它的由来、原理和规则。我们的意识，这个无形的装置，不仅时刻检验着我们的服饰，更是扫描着我们身体上每个最小的形状与细节。而想要改变自己身体的往往总是这个直觉。

所以，时尚规定了我们身体表面细节的这个说法其实并不完全正确。时尚的视角来源于我们的身上"想看到的 / 可看到的"（而不是"裸体 / 穿衣"）的两种状态，并利用不同媒介表现这个定义。我们遵循着看不见的规范，追求不存在的理想比例，将"可看到的"部分变形、重组，做着具有想象力、创造力的动作，一切都作为造型被展开，并不拘泥于质料上的差异。在素材上来说，就是搭配组合的问题了。这样的创造将衣服和身体这两个双重"看到的"东西卷在一起，并不停留在他们质料上交替的地方，也不会迷失方向。

衣服描绘、强调、改变身体轮廓。时装中的"贴身"概念并不等同于"完全合适你的身体"。衣服虽然看上去是要展现身体轮廓，实际上却要求身体变形。适合衣服的身体，必须是遵循造型规范的身体。我们每个人的身体的物理存在，通过时尚的视角，变成了被雕琢的对象。衣服把这一层意义交给身体，围绕着身体，不断找寻与身体更好的契合度，时尚因此而更迭。有时我想，我们是不是有必要和这样的时尚视角断绝关系呢？我们想让衣服贴合身体的时候，倒不如说是我们想给自己的肉体换个型号，以此来符合新的流行。

时尚有它的初衷，同时还给予身体和衣服不同的规则。

比如膨胀。人们很喜欢用垫子、藤条、鲸须、钢丝等制作的裙撑等填充物让自己的身体看起来更大一些（如 15、16 世纪流行的双层外套和钟形裙）。当下的女性很喜欢穿肩部尖尖的外套，这和丽莎·莱恩[03]的肌肉美不谋而合。服装上极度不对称的造型，和毕加索画里变形的身体，同健美肌

---

03　丽莎·莱恩（Lisa Lyon，1953 年—　）：美国著名运动员，第一届世界女子健美冠军，被誉为女子健美运动的先驱，之后成为著名模特。

肉的隆起都有异曲同工之处。

说到身体的隆起，就一定要说到女性的臀部。流行于19世纪后半期欧洲的"巴斯尔"裙撑的线条像极了人马星座。为了达到这样的线条，它并没有让人的臀部变形，而是试图让腰部变细。很奇怪的是，从当时裙撑的广告中可以看到"轻盈、凉爽、舒适"的宣传语，像是一针强力的精神安慰剂，给被沉重、闷热与不适包围着的自己。

再说缩小这个动作吧。除了束腰之外，还有束足。虽说在之前的中国有着"裹足"这样的奇习，但在现代女性的高跟鞋上，同样的精神也被保留了下来。

我们一边看着模特们，一边看着自己的衣服、自己的身体。我们跟随着模特更换自己的衣服，变换自己的身体。这是流行的主导权：标准化的尺码，规范化的形体将我们束缚起来。这些标准与规范一刻不停地变换，我们遵守着看不见的规则，有时候也逃脱它。我们装饰自己，用衣服拘束自己，不断地让自己的身体变形。在这个过程中，我们对自己的衣服、自己的身体永远心怀不安。这和关不关心时尚并没有任何关系，因为"我"这个概念里已经折射出时尚的视角。很多人会宣称"我对时尚一点兴趣都没有"，但即使这些人也需要穿衣服，而只要穿衣服，就存在风格与造型。令人哭笑不得的是，越声称自己对时尚无感的人，越会被千篇一律的

"流行单品"所禁锢，反而对样式的要求最高。也许这些人才是真正的"时尚人士"。总而言之，唯一的区别就是过问与不过问。不管过问到底有没有价值，无法直面问题的人是不应该对人指手画脚的。

## 产生意义的地方

包裹得再怎么严实的衣服，厚度也多不过 1 厘米，它让我们能自由活动的同时，也驱使我们走向不安；它在守护我们的同时，也束缚、伤害着我们；在给予"我"这个定义的同时，又搅乱它；它支撑着各种各样"我"的定义，时不时又毫不犹豫地打碎它们；在连接作为肉体的我们与自然的关系的同时，却又让这个"自然"完全走偏。时尚这个迷宫，这个回廊，它的入口到底在哪里，它的出口到底在哪里？

如果我们带着实用的想法去思考衣服，我想这个迷宫的大门也许永远都不会打开。当然，如果从纯粹的物质角度，我们可以说衣服仅仅是薄薄的包裹身体的东西，但是前提是把我们的身体也看作单纯的物质。可是我们的身体时刻都在发生改变，特别不稳定。把自己的身体作为一个以皮肤为界限的纯粹的对象物来感受，这种体验对于我们来说还真是从未有过。我们的身体感觉可以很容易地跨过皮肤这一身体内外的边界面，停留在身体前。身体和非身体的边界感觉在大多数情况下是模糊的，于是我们摩擦身体表面，戴戒指

**17**

和手表，或者用皮带勒紧身体，持续地给予皮肤刺激，以确认自己身体的物理轮廓。另一方面，我们的意识对于"我的身体"——这个独一无二的存在，有时候会变得特别薄弱，感受不到自己的存在，所以我们抽一根烟，吃一把辣椒，泡热水澡，晒日光浴，自慰，和他人身体接触，运动，摇醒自己的身体感觉，向自己确认这是自己的身体。（西摩尔·费舍尔 [04]《身体的意识》）

"我"这个看不见的东西，只有通过渗透在身体里，才可视化成为"我的身体"。或者说，"我"通过布置身体、衣服，或者语言这些可被感受的"东西"，让各种意义交织在一起。总而言之，如果说"衣服 = 身体"，那这是一个让意义涌进涌出的地方，也就是意义产生的地方。

这样一来，我们是不是应该重新考虑一下"衣服的反面是裸体"这个概念呢？即使脱下了衣服，里面出现的是另一件衣服。衣服既不是身体这个实体的外皮，也不是它的包膜。衣服不是身体的第二皮肤，身体才是第二衣服。只有误解了这个概念，才会觉得衣服包裹着身体，保护着（或者不保护）身体吧。

---

04　西摩尔·费舍尔（Seymour Fisher, 1922 年 5 月 13 日—1996 年 12 月 5 日），美国心理学家、药理学家。

**18**

罗兰·巴特[05] 曾经在电视节目 *ZigZag* 里说过：

"不谈衣服就无法讨论人类的身体…… 衣服，或是其他能被感受到的东西，都蕴含着产生意义的契机。换句话说，因为衣服人类的身体有了意义，成为符号的搬运者。"

——*Critique* 杂志，1982 年 8/9 月刊

那我们再确认一下吧：衣服不是用来遮盖身体的。作为充实实体的身体，在衣服的内部形成，同时又给予作为符号的衣服形体，承载它所拥有的超越性意义的内容。剥开一个表面，之下存在着另一个表面。有人说"与其说衣服是为了贴合人的身体，不如说是贴合人的精神而存在"。那么这里的衣服是意义产生的地方，是"意识的皮肤"。在下面让 -马里·古斯塔夫·勒克莱齐奥[06] 的文章里，如何检验时尚的具体局面是我们接下来的课题。

"印第安人在皮肤上绘画。这样一来，他就不是裸体了。他的皮肤变得像一面镜子一样，在敌人的眼里，敌人只能看

---

05 罗兰·巴特 (Roland Barthes, 1915 年 11 月 12 日—1980 年 3 月 26 日)，法国文学批评家、文学家、社会学家和符号学家。
06 让 - 马里·古斯塔夫·勒克莱齐奥 (Jean-Marie Gustave Le Clézio, 1940 年 4 月 13 日— )，法语作家，是 20 世纪后半期法国新寓言派代表作家之一。他于 2008 年获得诺贝尔文学奖。

到自己。长年累月，他开始在皮肤上看到不同的东西，好像有几千双眼睛一样。"

——让 - 马里·古斯塔夫·勒克莱齐奥，《力量》

## 2 顺从的身体

### 反转的意义

连看对方的脸就讨厌，抑或是喜欢到想拥抱对方的时候，我们都可能说出"真讨厌"这句话。"下雨了"除了描述天上下雨这个事实，有时候还代表着"带上伞哦"，或者"你猜对了耶""今天的比赛中止""外出要小心"。同样的语言很可能表达出来相反的意义，甚至是字面上完全没有的意义。字面上单纯的叙述，意义上却完全可能反转为带有疑惑、刁难、命令、斥责、威胁、请求等其他语义。

当然，不同的语言有时候也指向同一个意义。一边身体颤抖，说着"好冷"，一边说"明天我们还能见吗"，和"好希望能够出去旅行哦"，其实说的不都是一件事吗？

意义有时候会超越语言表达本身，吞没语言表达；语言表达有时候也会溢出，拗口地在意义周围盘旋，却无法到达。设想语言表达和意义能够重合的情况一定存在，但是在实际操作中其实并不可能。这样语言表达和意义之间的偏离，让我们得以说谎、挖苦、玩笑。

衣服和意义之间的关系也是这样。语言是有限物质元

21

素（例如声音和墨渍）的集合，物质符号的特定集合能产生对立的意义，反之，不同符号的集合也能表达同样的意义。衣服也是这样，被赋予不同意义的线集结在有限的单品上，不同的构成都是朝着同一个意义。唯一的不同是，语言有单一规定的字面意义和除此之外的其他意义，在构成衣服的各个单元里，这样的分割并不存在。由于没有严密的定义系统，衣服的意义本身就是多样的。在暗示所有意义的同时，只呈现表面露出的部分。

衣服是许多不同意义之间重叠、交织和反响的多样体。设计师和售货员估计在功能性和美观的概念之间，通过调整不同元素之间的配置关系，来表达单一的意义。但是衣服又能在所有的意义周围盘旋，把意义打散甚至去掉。衣服掌有很多的决定权，在衣服上哪条线占有主导是不定的。一件衣服上有很多条不同意义的线，这些意义被缝合在一起，组合成了一个整体。所以面对试图解读的视线，真正的意义往往并不会现身。所以说，衣服比语言更善于说谎、挖苦和玩笑。

本来应该对立的两面有可能会在不知不觉间相互转换，而衣服本身就是不停变化的东西，愚弄着总是变得认真的我们。

"我们的脑子里一定有一个发条，它让我们在触摸一方的时候，相反的一方也会被触碰到。"

——《思想录》，70

在时尚里，这个发条叫作"束缚"。接下来我们来看看时尚如何使用"束缚"，唤醒自己的对立面，并转化成自己的对立面。

**功能性的背叛**

衣服大部分是由布组成的。衣服在身体的周围，身体随时都在动，所以轻盈、伸缩性好的布是能够应对身体不停变化轮廓的最好材料。从功能性的角度出发，这是一个再自然不过的观点。然而经过裁剪缝合后制成的衣服，对于每一个身体来说，还是有一些游玩的空间。有的地方需要放松，有的地方需要收紧，有的地方需要垂下来，有的地方则需要被固定，当然还需要想到像腰部和头部这样比较细的地方。

可是如果仔细看衣服上一些需要固定的地方就会发现一些奇妙的事：在头颈和腰部需要使用的领子或者领带，以及腰带，它们都逃脱了单纯固定的功能，转化成为某种程度的束缚。并且，这种束缚效果超越了衣服，加于身体之上。

比如，立领作为衣服保护脖颈的功能性价值就等于零，它不仅限制了头部的自由活动，不习惯它的人还会弄伤自己。刚开始穿上校服的时候，那种被立领弄得脖子火辣辣的感觉，我想这应该是每个男性共有的痛苦记忆，更不用说领带，我想除了专门为了把脖子勒紧，它应该没有任何别的作用了吧。可是，即使是敞领衬衫，我们一般也会购买那种完全紧贴脖子，在脖子和领子之间几乎没有任何空隙的款式，然后再使尽浑身解数把那颗最上面的扣子扣好。难以想象的是，大半以上的男性每天早上在出门前都要经历这些。

有时候，即使是十分贴合腰身剪裁的裙子，如果不系上腰带或链子，总是有种会掉下来的感觉。腰带这个东西，真是从各个方向逃脱了原本固定的功能性：有的腰带紧得好像已经要到肉里；有的宽腰带感觉要把身体对折；有的腰带松松地挂在腰间，总让人担心什么时候会掉下来；更不用说系在毛衣外面的腰带是怎么回事？

这么说来，"固定"这一组成衣服必不可少的要素总是不免把自己转化成束缚身体的手段。如果带着"束缚"的眼光重新地去审视我们的衣服，立体剪裁的贴身夹克、背心、裙子，都在为了限制身体的运动而一同工作着。"束缚"的信息有时会转化成"隶属"的信息。比如缠绕脖子的宽颈饰品就是其中一个例子。即使直接束缚身体也没有关系，只要传递出"束缚"的信息就好。其实很多与巫术相关的饰品，如项链、手镯、戒指等，无一不传递出"束缚"的信息。这就不难理解为什么这些饰品往往和锁具共享同样的素材。这样的效果在身上相互辉映，通过每一个单品在身上传达整体的意义。

就算是这样，为什么人们即使要忍受自己身体的苦痛、压迫与不自由，也要用衣服束缚自己，通过饰品让拘束与隶属感笼罩全身呢？为了理解"束缚"的象征意义，在这里我给大家举一个极端的例子吧。

## 对身体的攻击

在 19 世纪中后期的维多利亚时代，人们将贞淑、文雅、礼貌、慎行等视为"美德"，这些观念被强加于每个人的意识。同时，在那个时代，具体到如何运用自己的身体，也有详细严密的规定。不管是在服饰的做法上还是细节上，没有哪一个时代比维多利亚时代的眼光更为挑剔。集中出版的"操作指南"规定着衣服的特定做法，让人闻风丧胆。同时，也没有哪一个时代的衣服比它更束手束脚，包裹得严严实实，让身体扭曲。当时的女性，用鞋让脚变形，用吊袜带让腿受伤，用紧身胸衣把腰收紧，然后穿上沉重的金属裙撑，好几层的衬裙，就好像是特别为了虐待自己的身体一样。

维多利亚时期十分流行的紧身胸衣虽然不像以前一样使用钢铁制作，而是改用鲸须和铁丝，增加了可塑性的同时，却让更强烈的束缚成为可能，让女性的线条像蜜蜂或者沙漏一样。但是，紧身胸衣会导致肋骨变形（也有人干脆做手术拿掉下面的肋骨），压迫横膈膜，让人呼吸不畅。好不容易找张椅子坐下来，还可能因为一口气上不来而窒息。极端的情况还会因为腰腹部的束缚压迫内脏，让器官变形移位，让泌尿系统产生障碍，形成慢性便秘或是循环系统不畅，气色不好，甚至月经不调，流产。脱下胸衣时，也常常能够看到腰部的淤血。所以维多利亚时期的女性，常常只要受到一点惊吓就会昏厥，徘徊在濒死的边缘。

"紧身胸衣可以让身体呈现美丽的 S 形"——这就是表面上让很多女性受到吸引的原因。

"像紧身胸衣这样动员所有整形外科秘密武器的东西，想要修正的是原本没有地方需要修正的少女。"

"紧身胸衣是女性身体的骨架，是建筑的根基。"

——菲利浦·佩洛，《服装的考古学》

如果说少女们为了追求美丽的身材而穿上紧身胸衣，家人们则由于别的原因和这些少女一起成为毁灭身体的共犯。当时的医生写道：

"在一个家庭里，如果想让年轻的女孩长大后拥有美丽的仪态，母亲一定会每天数百次地强调孩子把姿势保持好。为了让这些可怜的女孩达到这一点，即使在她们出去玩的时候，身体也会被束缚住，正在发育的骨骼被压制住。

很多的胃炎、肝脏疾病、头痛、不安、抑郁等，在初期都可以通过松开紧身胸衣而得到治疗。这些症状如果进一步发展，无法治疗的时候，女孩们就会早早地进入坟墓。即使在知道或者经历过这些的情况下，家人往往还是会逼迫女孩塑造这样畸形的身体。"

——菲利浦·佩洛，《服装的考古学》

在当时，即使有像这样的医生书写的警告，或者是道德上的感叹，甚至是缓和的改良措施，都无法毁灭母女之间的共犯关系。女性（有时也有男性）都不辞劳苦，如此考验自己的肉体。

让人觉得讽刺的是，终结穿着紧身胸衣习惯的是完全不相关的偶然事件。20世纪第一次世界大战，"因为金属不足，制造业者无法再生产紧身胸衣。同时，女性也因为战争需要在新的职位上开始工作，无法再穿戴紧身胸衣"。（史蒂芬·科恩[01]《身体的文化史》）这样一来，紧身胸衣不再像在维多利亚时代那样约束着人们，但是它的象征意义却被完全地保留了下来，以弹力塑身衣的形态继续存在。

医生的忠告和道德的论述都无法奏效，我想可能是因为紧身胸衣的象征意义，让人愿意画地为牢。

---

01　史蒂芬·科恩（Stephen Kern，1943年1月28日—　），美国历史学教授。

"在紧身胸衣被发明的时候，医生们其实很犹豫要不要反证胸衣除了时尚之外的不健康作用。所以医生的警告往往都很弱，没什么效果。医生也是人，不免染上当时的很多恶习。作为男性的医生，对紧身胸衣的诱惑并不免疫。他们也害怕提倡禁止紧身胸衣会为他们扣上不道德的罪名，所以犹豫。"

——伯纳德·鲁道夫斯基 [02]，《不好看的身体》

"道德"里有很多想象力。紧身胸衣是贞淑、谨慎等这些道德观念的可视符号，若是女性不把自己束缚起来，就代表着不贞与放纵，备受指责。

## 身体的教化

呼吸、饮食、性交、劳动，这些生命活动的本质在于与外界自然的关系。我们以"文化"之名，将这种关系暴露在某种偶然条件下。我们并不是任其愚弄自己，而是把它作为可以理解的东西分节，并作为可合并的东西使其样式化，并编成一个秩序。这个关系的载体不用说就是我们自己的身体。

---

02　伯纳德·鲁道夫斯基（Bernard Rudofsky，1905 年 4 月 19 日—1988 年 3 月 12 日），奥地利籍美国作家、建筑师、社会历史学家。

就像人们常说的"内部自然"，身体本身也是一个自然。就像外部的自然有时候会影响我们的内部自然，我们的身体也会动摇内部的秩序，混乱它，无视它，制造不安。所以如果要和外部的自然维系安定的关系，身体作为这个关系的媒介，必须为它的动态制定规则，让它可以被管理与统治。

让自然的东西变换成系统的东西，首先要抑制、排除、隐蔽所有自然的，或是让人能联想到自然的东西，最终从内到外改变自然本身。也就是说让"反自然"占领自然，将规范化的东西自然化。这也就是人们常说的"如何养成良好的习惯"，或者"习惯是第二自然"。

而对于身体规范的植入，在道德的名义之下，时常隐藏在所谓的教育之中：不管是在家庭、学校还是军队里。从规律的睡眠、饮食与排泄开始，我们会给予身体一种记忆，学习保养的姿势与方法（身体的使用方法），同时也压抑身体本身的表现与沟通。在感觉疼痛的时候，我们常常不是通过大喊，而是用"好痛"这样冷静的语言来代替；即使在愤怒的时候，我们也知道不能翻白眼，或者对人做鬼脸。肉体的沉默被认为是最高的谨慎。为了强化对身体的道德束缚，就要不断地对肉体实施惩罚，即便是在小孩的耳边说一些"可怕的话"也在所不惜。

被加上了规范的身体，就是"顺从的身体"。（米歇尔·福柯[03]）若是在身体里植入某种限定的修辞手法，以后人们就会在身体里使用它，形成一种属于自己的规则，然后压制身体的自然天性。"卫生"是一个很好的限定办法让我们来进行自我管理。所谓的"整理仪容"，是让我们形成一种感觉，让我们不得不去关注自己可视化的"表象"。扣子有没有扣好？衬衣有没有熨平？皮鞋有没有擦亮？裤子的中线直不直？头发有没有梳好？正确的走路姿势，正确的说话方法，正确的书写方法，或者正确的身体使用方法，这些问题、这些规则都从内而外地将身体放入条条框框之中。而每一个不同的"我"，就在每个行为的习得过程中被给予了细节与形状，在特定历史的规范语境中诞生。

为了形成顺从的身体，或者说顺从的"我"，我们通过衣服来制定身体上的规章制度，对身体拘束、隐蔽、加工、变形或者装饰，也最直接地规定了身体的可视与不可视的运动。同时，衣服的各个构成部分也浸透着道德拘束的暗示：领带、领子、项链、手镯、戒指、腰带、吊袜带、裙子和裤子的褶等。最能代表19世纪"贞洁自重的我"的，最具神经质的单品非紧身胸衣莫属。它不仅象征着自己对自己的统治，它给予的纤细腰线也是对道德命令服从的证据。

---

03　米歇尔·福柯（Michel Foucault，1926年10月15日—1984年6月25日），法国哲学家、思想史学家、社会理论家、文学评论家。

顺从的身体被道德的视线淹没，服从衣服的攻击。道德就像文字一样，一笔一画地被刻在身体之上。

　　"在这个自我与他人的挣扎之中有一条很重要的规则，即使肋骨与臀部之间被无限挤压，也不能承认自己的痛苦。'如果你问一个脸色苍白，看起来快要晕倒的女人，她的紧身胸衣是不是让她觉得疼，她肯定会立马否认。'即使她自己也知道，只要松开胸衣的带子就能马上恢复，她也绝不允许自己的腰线消失。"

　　　　　　　　　　——菲利浦·佩洛，《服装的考古学》

　　这种对女性的贞洁规定伪装成"美感"束缚着女性的同时，让她们的身体变得畸形，这时，健康作为另一个规范也追逐着她们。紧身胸衣让女性给自己身体制定了规章制度，也满足了男性充满欲望的视线。它的存在本身是一种禁止，同时也煽动着禁止的反面。就像古人所说的那样："没有理由不拥有反对的理由。"

## 3 灰姑娘的梦

### 被欺负的另一个对象

当我们要禁止、除掉某物时，这个行为本身却会触发、唤起本身应该被禁止和被除去的东西。为了解释这一悖论，我们先来说说身体的另一部位被束缚的例子，说说这种束缚的手法在另一极端的场合的运用。

在说时尚之前我们先来看看"灰姑娘"的故事。这个故事在世界各地有不同的版本，我们来看看在《格林童话》这一版里的这个场景：

王子捡起鞋子，它由纯金制成，小巧而纤细。第二天早上，他来到国王那儿，告诉父亲自己要和能穿进这双鞋的女子结婚。

两姐妹听到这个消息后非常开心，因为她们的脚很漂亮。姐姐在母亲的陪同下来到自己的房间里试穿这只鞋，但无论如何都无法将自己的大脚趾塞进去，这只鞋实在是太小了。这时，母亲递给她一把刀，说道："把你的脚趾头砍下来！只要你能当皇后，有没有这根脚趾头有什么关系？"听完母亲的话，姐姐砍下了自己的脚趾，把脚塞进鞋子里，忍着痛，下楼来到王子面前。于是，王子带她上马，将姐姐作为自己的新娘带走。

——《格林童话》

后来王子在回到城堡的路上发现姐姐脚上都是血，从而知道了她不是真的新娘。这一段在我们熟知的灰姑娘的故事里其实已经被删除了。另外，"黄金鞋"也被改为"水晶鞋"。"不管这个故事怎么变化，灰姑娘故事的中心就是鞋子尺码的问题"，鲁道夫斯基在他的著作《不好看的身体》中引用灰姑娘的故事时这样说道。在这里我们能看到时尚的一个原则：不是让模型适应身体，而是让身体适应模型。

　　我们必须承认，比起紧身胸衣与吊袜带，鞋子的设计至少看起来还是以功能性为中心的。鞋子保护着我们的双脚，让其不用和坑坑洼洼，时冷时热的地表接触，这一点我想谁都不会否认。但是仔细一看也能发现，即使是在鞋子上也有特意为了损害身体而做的设计。

　　鞋子的造型其实完全无视了我们双脚自然的形状。在我们的脚上，明明是大脚趾最长，可为什么鞋子的前端却是中间最为突出呢？我们的脚是绝对不可能左右对称的，可是高跟鞋怎么总是纺锤形设计呢？我们在买鞋的时候，大小，穿着感，等等，需要伤神的地方那么多，但是惊人的是，对于鞋子本身的造型我们却从未有过抱怨。

　　我们的鞋子让我们感到拘束。但我们只要穿着鞋子，就必须忍受这样的拘束感。很多人在被问到小时候的着装体验时，都提到一个"强制性"的感觉。我想，除了所有的衣

**34**

服都是母亲选来并给自己穿上这一点之外，这和衣服本身的拘束性也有一定的关系。实际上，我们在还是不会走路的婴儿的时候，出个门也会被穿上鞋子（毛线编织的，传达"鞋子"的意思）。就好像乳房还没有发育的小女孩，在游泳的时候也会穿上遮住胸部的泳装。只是这些拘束的感觉我们都忘记了罢了。

《灰姑娘》故事里的继母，即使女儿砍掉了脚趾，也要强制自己的女儿适应鞋子的大小。女儿也听从了母亲的话。当然，这些仅仅是童话故事，但是忽略损害身体的危害这一点，在历史上是可以找到证据的。在中国"缠足"的习惯差不多有一千年的历史，旨在用人工手段停止幼女脚的发育，从而让女性的脚看起来非常小。这个习惯直到 20 世纪初才逐渐被废除。

"女孩在三岁左右，会将除了大脚趾之外的脚趾往里折，用布层层包起，然后再穿上缠足专用的袜子和鞋子，每三至五日便会换一次裹脚布，从而得以抑制脚的发育。持续使用这个方法两年后，便可用绢布裹足，穿上缠足鞋即可。"

——石山彰 [01]，《服饰辞典》

---

01　石山彰（1918—2011 年），日本时装设计教授，在日本被称为"服装史研究第一人"。

令人吃惊的是，这并不是一个仅仅属于过去的奇习。裹小脚的形状和高跟鞋的形状惊人地相似。它们的区别仅仅在于方法上：一个是使用一定的造型，对脚本身进行全面加工；另一个则是借用别的附属品达到效果。就像以前的中国女性一样，现代女性也不顾起泡、鸡眼这样的不适，不辞劳苦地穿着高跟鞋，试图改变自己脚的形状。

紧身胸衣和缠足的习惯是拘束身体的典型时尚手法。但为什么它们都集中在身体的中点或末端呢？我认为，它们都在通过对身体的拘束来隐藏身体本身自然的物理变形。

**一贯的彻底的扭曲**

对身体的拘束不仅会损坏身体，它还否定了我们自然的动作。以紧身胸衣为核心的维多利亚时代的着装，又长又重，让人穿上难以活动，呼吸困难，从而抑制了女性的自由活动。高跟鞋只让脚掌的一部分着地，它的设计故意让步行变得困难。有的鞋子若是让身体过于劳累，穿上它完全没办法走路，很难相信真的有设计师会以此为初衷设计这样的鞋子。

然而这样的鞋子还真的实际存在过。在 15、16 世纪的意大利和西班牙的贵妇之中，一种木质的"高底鞋"（chopine）十分流行。这些贵妇沉迷高底竞赛，从 30 厘米、

50 厘米的鞋跟开始层层递进，极端的情况还能达到近 1 米。在这种时候，如果没有侍女的帮助，她们当然无法行走（正如紧身胸衣没有他人的帮助无法穿戴一样）。江户时代的日本女性也很喜欢穿像高跟鞋一样的高木屐。特别是成为花魁之后，就要穿 30 厘米高的"高木屐"。此时，她需要两名随从，走的每一步真是所谓的"悲痛而小心"。

不管是高跟鞋还是紧身胸衣，它们都限制了我们身体的行动。但是我们并不是静止不动的，我们也不是止步不前的，所以为了迎合这些旨在拘束我们的服装，就必须发明出与其相应的身体使用方法。高跟鞋有高跟鞋的走法，木屐有木屐的走法，草鞋有草鞋的走法。当然还有和鞋子一道合力限制自然步行的单品：像郁金香茎秆一样的细长紧身连衣裙，或者把臀部包得紧紧的，膝盖以上都无法动弹的裙子，它们都不允许人们自然地大步前行，而是给予了小步行走的别样的秩序。

通过对某个特定身体部位的变形和损毁，或者对某个特定身体活动的限制，身体本身一直以来的活动方式被破坏，各个部分被打乱，变得不协调。这个时候，各个部分开始转化，朝着另一个活动方式前行。一贯的活动被打破，被赋予意义的新的次元被打开。走路不再是单纯的走路，而是"优雅的""正直的""妖艳的""可爱的""挑衅的""有气势的"。同时，这些也牵引着我们内心深处的各种情感反应。

"一个经过我面前的女性，不是一个身体被涂上色彩轮廓的人形模特，也不是在某个空间中的某种风景，而是一个具有个性、情感、性的表现。而走过的每一步，或是高跟鞋踏向地面的每一个声音，这种表现或强或弱，但都展现的是一个全面的肉体。这正是一个展现女性存在以及人的各种变化的特有方法。对于这点，我有与之相应的共鸣的体系。我解读这些，就像解读一篇文章一样。"

——梅洛 - 庞蒂，《世界的散文》

梅洛 - 庞蒂在这里想说的，如果想要给予在这世上存在的东西一个形状，那么在某个地方一定有"风格"的存在。而风格，就处在"一贯的歪形"里，让物质的东西拥有意义。

既然风格能让意义涌出，我们在思考时尚的时候，就离不开风格。如果说时尚的问题是一个单纯的衣服构成方法的问题，那么风格的意义也变成了单纯衣服构成形式上的问题。我在之前一直强调的是，时尚，是我们自己对于自己肉体的思考，同时又作为可视的对象，是我们存在两面性的证据。（我们不要忘了，时尚这个词本身并不仅仅指衣服的款式，而更多的是指一般意义上的某种表现形式。）

## 无法闭合的圆环

比如说我们之前谈到的"拘束"这个手法，作为风格的一种，让我们的身体和身体的运动变形，这种变形也慢慢渗透身体每个组织的细部。作为自然的身体同别的秩序一直进行着交换重组，这种别的秩序我们在很多时候称之为"文化"。为了完成这种重新排列组合，风格对身体和它的运动进行着偏执的变形，甚至全面地封锁身体的自然性。

但是，这个从自然走向文化的环形运动却找不到一个地方让这个圆环闭合。所以这样的变换作业，也许会用不同的手段，不同的样貌，但总是在同样的地方无限地来来回回。拿拘束的手法来说，确实有像紧身胸衣、缠足或是高底鞋这些几乎荒唐无稽的方式，但是我们每个人就像灰姑娘的姐姐一样，没有人拥有灰姑娘的幸运。

时尚的问题并不是一个自然的问题。在作为自然的身体里，不管是美丽的部分，令人羞耻的部分，性感的部分，猥亵的部分，甚至是道德的部分都不应该存在。作为满足自然功能性而存在的时尚，其实完全沉迷在背叛这个使命之中。但是，时尚的问题也不是一个文化内部的问题。如果将在一个特定文化里的时尚当作一个符号，无限探究它达到了什么样的功能，一定会在这个过程中陷入另一个功利主义之中。

时尚的构造和自然向文化的转换，文化的生成息息相关。自然的扭曲，逃脱自然，也许在这些地方隐藏着打开"时尚的迷宫"的钥匙。同时，禁止与删除能够唤起被禁止与被删除，时尚里的悖论也许也存在在同一个地方。

## 4　诱惑的线头

### 身体的政治学

我们常常在高楼或是悬崖边上，感受到吹来的风时，都会不自觉地往下看。那一瞬间我们背脊发凉，脑子一片空白，双脚发软。同时，好像有谁在我们耳边说："你有从这儿跳下去的勇气吗？"我们像是被下方吸住了一样，即使从来没有想过自杀的人，也会在那一瞬间产生出自己都无法解释的想法。恐怖的是，我们为何在心底会有跳下去的欲望，在不觉之中防线被打破却不知原因，让人陷入恐惧无法自拔。

我们有时在街上也会发现我们不想遇见的人，当发现那个人的那一刻，好像突然间能感受到身旁所有人的视线，无论怎么努力地想隐藏自己，却都被自己的身体背叛，慌乱、无助、动弹不得，心脏飞快地跳动，皮肤上像发了洪水一样地出汗，全身变得通红，面部瘫软，手脚颤抖。若是试图想从这样的状态中逃离，手足无措的我们完全不知道要干什么，突然痉挛的肌肉，让每一个动作都成为多余，满脸的狼狈更是容易引起周围人的注意。满脸通红的时候越是想要隐藏，越是藏不住，就像越是害羞，越是能激起他人的情欲一样。

时尚里的不同手法都指向驯化身体这个目标，同样有着这种悖反现象。有时越是想要封锁肉体、拘束肉体，却越能把被封锁和拘束的肉体唤起。

　　我们将身体自然的肉感、感官、攻击性封闭起来，使其适应别的秩序，接近别的定义，让所有能唤起自然生理的特征都去掉，将它们作为人类的本性而重新排列组合展现出来。本来有着不同方向的身体的运动，被我们减少至一个方向，从而让身体变成可以被理解，可以被操作的东西。

　　封锁、监禁、强夺、笼络、诈取、驯化，或者更直接地说，围剿、殖民地化，这个过程可以用很多政治学的词语来描述，但是说的都是一个"否定肉体"的事实。放在时尚里来说，作为具有代表性的拘束型方法，对于身体动作的抑制，身体部位的变形和损毁，时尚可以说是在身体之上上演着一种"身体政治"。

　　但是在这个地方有一件奇妙的事情：时尚的单品给予身体一种拘束的规范化，同时却能诱发一种反规范化的运动。它让肉体沉默的同时，却更能唤醒肉体本身。

## 诱惑的开端

对身体的驯化要求去除我们生存上的自然属性，但是这一点是不可能做得到的。如果想要消除身体，对于作为可视化载体存在的"我"来说就意味着死亡。所以，对肉体的否定，只能限于对这个系统的变形。在这个变形作业当中，使用可视化的载体又成为必要手段。想要从一个意义空间跳转到另一个，必须要有物质的东西作为媒介。

然而，只要是试图给予物质一个作用，就一定会产生另一个作用，或者是反作用。所以在时尚里，束缚的手段试图给予身体一定的规范，但是却无法把它的作用限定在原本的设定范围之内，于是就会促成别的效果。

紧身胸衣试图让肉体沉默，产生视觉上极细的腰线，但是却在无意中让胸部和臀部看起来反常的大。禁欲的收腰，却强调了哺乳、生殖与妊娠的部位。几乎令人窒息的收紧，却也同时成为对皮肤的极端刺激，激起感官上的兴奋。穿着紧身胸衣的女性血脉偾张，更能显出生命的脆弱，唤起观者的欲望，挑逗着他们的想象力。这件试图抹去肉感的单品，却在最大程度上唤起了肉感。

"紧身胸衣的优雅不仅仅在上下边缘的蕾丝上有所体现，也通过臀部到腰部以及胸部呈扇形的骨架得以强调。因为这个骨架，让乳房被挤在杯状的空间里，但是再往上的部分却不受束缚地展开，让人一览无遗。如果有人紧紧抱住身着紧身胸衣的女性，胸衣里的鲸须互相摩擦就会发出声响。很多诗人都在诗里试图描述这种响声，而这种干干的声音也变成了情欲的象征。"

——罗西塔·李维 [01]，《意大利服装史》

让身体在通过使用道德修辞手法营造的空间里重新排列组合，就是对肉体的封锁。在这个充满意义的空间里，身体被转换成很多别的意义，不管是端正的、清晰的还是贞洁的。在这样的一个道德规范确定之后，在此之前纯洁的身体被压制性欲的人们当作了野性，也就是反价值的批评对象。肉体的感官被看作淫秽与猥亵的危险存在。有意思的是，如果追求贞洁与谨慎的人们想要批判肉体的反道德性，其前提是他们必须也同时承认肉体的存在。正如 E. 福克斯所指出的，维多利亚时代的道德观念，本质上就是"无花果叶子的遮羞布"，但却将衣服强行设计成禁欲的模样，在人前摆出一副好似"自己绝不需要生殖、排泄"的面孔。

首先，需要把能够让人联想到野性的东西系统地、一丝不差地变换成另外的存在方式。然后缩减身体的多义性，让

---

01 罗西塔·李维（Rosita Levi，1898—1985 年），意大利历史学家、服装史学家。

其拥有顺从规律的单一形象。为了达到这样的目的，多种多样的时尚手法被调动起来，通过素材、形状、色彩或触感来表现慎重。

散乱的头发和体毛能造成野性的气氛，衣不遮体，摇晃的乳房和性器官也是一样。梳头、化妆、刮掉胡子、剃掉体毛，用内衣固定乳房和性器官，在裤子和裙子上加上折线看起来更直……剪裁和缝制上要最大限度地隐藏身体的曲线，最好也避免使用耀眼的颜色与能够给予皮肤刺激的材料。要追加像项链、手镯、耳环这样能够让人联想到拘束的单品。最后穿上硬质的鞋子或是高跟鞋。如果戴上帽子、罩上面纱、拿上皮包就更好了。这么一来，通过衣服构成上的不同手法，与各种材料之间的相互联系，"美德"就被烙印在我们可视化的存在之上。

就好像写诗的时候要押韵的韵头一样，这种韵律给予我们一种生理感觉上的共鸣，会出现在预期无法想象的另外的意义。以封锁肉体为志向的服装构成战略里，衣服对身体进行着物质上的干涉，越是这么坚持进行下去，越能唤醒身体的各个角落，越能让人联想到肉体。这样一来，背叛"美德"几乎是不可避免的，即使什么都没发生的身体也会散发出情欲的气息，从而引发更多需要被批判的地方。这个过程非常神经质，却一直在往前进行。

与"美德"不相容的东西，所谓淫靡的、猥亵的、欲望深重的东西，都没有一个明确的对象，或是明确指向的身体部位。让身体的变形得到舒展的、产生懈怠的缺口，就是诱惑的开端。为了防止这样的麻烦，就必须使用规范化的视线监视与驯化身体。为了不放过在每一个细小的地方可能出现的懈怠，需要被检查的地方也逐渐增加。随着检视的目光所及之处的增加，潜在存在的危险也随之增加。因为需要排除危险而进行的检查，在进行的同时让人不得不想到危险本身。本来没有什么的部位，却偏偏被唤起，转换成了情欲。检验这件事情本身也创造了情欲。

检验能够唤起"不道德"，那么作为"不道德"的潜在导火索的就是检验本身，压制里有潜在的被压制，这样的死循环从这里开始，逐渐升级。同时，紧身胸衣和高跟鞋本来就损毁着身体的自然，好像不把身体的存在完全抹去就不会息事宁人一样。可是，如果消灭身体的物质存在，就什么都没有了。那么即使是想要消除肉体的痕迹，拘束身体的动作，甚至隐蔽身体的存在让其不可视化，都没有一个可以进行的对象。这是一个不可能的理念。

"古代犹太女性的衣服特别普通，完全无法在服装历史里留名。这也是有理由的。女性在户外看起来像一个奇葩的包裹一样难看。但是在路上与这些女性擦肩而过的男性，却还是会身体一震感到兴奋，无法逃脱把自己关起来的女性的魅力。有时候，即使是盲人也不例外。因为很重要的一点是，耳朵能够听到。因为古代犹太女性会在裙下系上铃铛，这又是一个束缚她们的小道具。同时，她们的双腿被锁住，因为这把锁，她们只能以很小的步子行走。本来用来约束她们的工具却突然有了情色的意味。"

——伯纳德·鲁道夫斯基，《不好看的身体》

这么说来，与其说身体的驯化有突破口，不如说人们本身就期待着这个突破。

## 情色的柔光

就人类的身体本身来说，充满情欲的部分，绝对情色的部分，是不存在的。在禁止与被禁止的两端开始相互吸引，电流增强，生成不稳定的螺旋运动，我想那就是情色存在的地方。这种运动是对没有秩序与节度的压迫与封锁，并对它们进行巧妙的转化，在切合的地方刻印上断点，进而动摇整体。

充满诱惑的时尚现在已经被我们几乎妖魔化，是我们产生各种情欲的罪魁祸首。在这种时尚的身上，也体现着这两种互相作用的运动。一方往往能够唤起完全相对的另一方，我们的眼球往往就在那个地方被吸引。也是在同一个地方，时尚的原则总能最大限度地发挥作用。

47

不加修饰的裸体并没有任何的淫秽。在裸体前虚掩的衣服，或者象征束缚自然的单品，改变身体可视性的化妆，都将裸体变成情色的东西。这些展示的都不是自然本身，而是让文化与野性互相牵引着，出现在表面之上。在这样的时候，裸体，或者说露出的部分身体，开始带上情欲。

对海报模特（pin-up）来说，化妆、项链、吊袜带、高跟鞋，每一个都不能少。比如说《花花公子》的兔女郎，在穿着上尽可能地少，在这个基础上加上蝴蝶领结和袖口与高跟鞋，和紧身胸衣一样，充当着束缚的象征。然后再加上即使穿上也同样暴露的网袜，这整套装束完美地体现出了时尚里的情色原理。比起裸体主义中的全裸身体，这样半遮半露的身体更让人想入非非。就像旗袍开衩的地方，在走路的时候时不时露出部分大腿一样的性感。很多现代女性会在穿着衬衫的时候把最上面的扣子扣紧，却在胸口故意解开一颗扣子，露出同色的内衣；穿着限制行动的紧身裙子却开着高叉；发型利落，一部分工整地梳上去，却故意留几缕头发耷拉下来。这一切都是经过缜密计划后的两种相反运动的作用。

"对于放浪的人来说，最贞淑的人妻就是最猥亵的对象。"
——爱德华·福克斯 [02]，《欧洲风俗史》

---

02　爱德华·福克斯（Eduard Fuchs, 1870 年 1 月 31 日—1940 年 1 月 26 日），德国马克思主义文化学家、历史学家、作家和艺术收藏家。

说起来，身体的自然露出，纯粹的野性这件事本身并不能让情色喷薄而出，正是那些看到身体肉感与感官的部分，并把那些部分视为情欲的规范，让规范本身被侵犯。强行加上的规则反转过后让规则崩坏，产生动摇，让一切不安定。正是这种不安定，让我们从头到脚地感到情色。

　　罗兰·巴特认为，身体作为可以被感受到的东西，在通过符号化后，能够看到时尚的要义。如果符号化的变换过程包含着禁止与诱惑这两个方向的运动，是不是也可以说时尚既是道德的，又是淫秽的呢？

## 5　嘈杂的界限

**吵闹的表面**

吸引人的时尚的表面总是嘈杂不安的。紧身胸衣和高跟鞋这类的拘束型单品，或者是起到象征性作用的小物，它们到底是作为"心之铠甲"让人们远离淫邪猥亵之物，还是像"春药"一样，把人牵引到禁忌之中。两种完全相反的旋律相互辉映、对照、交叉、接触，时尚的诱惑就存在于这种对位法之中。

构成衣服的想象力就是在这种对位法里振动与拨弄着：在同样的物质形态之中，想象力拉扯着两种不同方向的动力，即使沿着某个轨道前行，也会被自己背叛，突然从轨道脱离，转到另一个方向。想象力这种反转型的运动，让不同的意义游走到衣服的各个角落，激起层层大波。

在具有魅力的时尚身上，也同样有一种与想象力方向相反的运动。在同样一件单品之上，不同的运动相互交叉，嘈杂不安。这种不同意义的嘈杂，诞生于应该存在的东西与不该存在的东西，已然存在的东西和无法存在的东西之间。

## "我"的界限

想象力的反方向运动，一般发生在身体的表面，"我"这个可视可感的存在表面之上。在谈论"我"和衣服之间的关系之前，我们先来看看时尚的嘈杂是怎样穿行在"我"这个表面上的，以及"我"和"不是我"的分界点之间的吧。

西摩尔·费舍尔认为，假设把人的身体置于与体温相同的水中，人们就无法分别哪里是自己的身体，哪里是水，自我意识从而随之消失。如果我们对于世界来说永远都是打开的，那我们就无法知道有些事情到底是在自己内部发生的还是在外部发生的。

我之前提到过，时尚的视线跨越了身体与衣服的界限。当"我"的外部，"是我"和"不是我"的分割点变得不再清晰的时候，为了从这种不安中逃脱，我们会为了加强"我"的境界感，进行各种不同的仪式。烧伤皮肤，洗热水澡，在冰冷的河水里游泳，搓搓自己的肌肉，揉头发，在脸上化妆、戴戒指、喷香水、留胡子，穿着引人注目的华丽服装，大吃大喝，摄取香料，接触他人的身体，拥抱，自慰……同时还有不可控制的羞耻，愤怒，极度的紧张，这种兴奋的心情，就好像运动过一样，让人体温上升，身体的感觉变得敏锐，也就是能让自己感觉到自己的"内部"。

反过来，注射、插入式的检查、开腹手术之类，即使是随便想想也会让人觉得怪怪的，因为将作为物理性的身体打开，在身体里插入异物，都是对"我"的侵略。

"从前在治疗无法平静下来的精神分裂症患者的时候会使用到一个方法：患者被床单完全包裹起来，然后被放置到一个湿润的袋子一样的容器当中，之后便会慢慢平静。很多人认为这种手法特别没有人性，也有人认为对于失去控制的重症患者来说，这么做是救了他们的命。这个过程给患者提供了一种代理手段的抑制作用，通常这种抑制作用来自健康人体肌肉组织的控制力。也就是说，这个湿湿的袋子，就是身体墙壁的代替品。我们无论经历什么样的困难，都不会影响我们知道，在一天结束的时候泡个热水澡，让皮肤被温暖包围，那种所能提供的放松与安心。婴儿在哭闹的时候，父母会紧紧地抱住孩子，也是同样的道理：父母将自己的身体给予孩子，强化孩子自己无法控制的外缘。"

——西摩尔·费舍尔，《身体的意识》

衣服用拘束的手法让身体的各个部位的境界感觉醒，同时也通过将身体的大部分包裹起来，赶走丧失身体轮廓的不安感，明确地包围住"我"。我们就好像在羊水中的婴儿，"我"的外缘和衣服的表面融为一体，创造了一个他人感知不到的"内部空间"。如果有人把手伸进我们衣服，就好像这只手不仅仅是在身体的外部，而是侵入了身体内部一样。

当然，"我"的里面并不存在不被他者侵蚀的内部空间。"我"是表面的游戏中编织出来的，在生的各个方面，"我"的轮廓有时浮在衣服的表面，有时被身体的表皮所压缩，有时又越出衣服的表面，变得生机勃勃。

时尚的不平衡就体现在这个地方：它把"我"从"不是我"中分别开来，用衣服坚固地包裹起来，成为既可以穿上又可以脱下的东西。"我"的境界的虚构性也同衣服的表面一起同时被展现出来。我们往往需要在人前脱去部分衣物，或在异性前脱去全部衣物，脱下所有的衣服，身体就会被展现出来，在这个"展现"的过程中，"我"的构成里所有的现实性与虚构性的界限，必然性与随意性的界限也随之出现。和在闪光灯和镭射光中不停回转，耳边激动人心的音乐大声播放一样，在这个时候，身体的感觉被溶解，身体内外的界限无法被我们感知到，就好像身体失去了形状，变成了空中的蜉蝣一样。

## SM 的实验室

衣服，在可视可感的"我"的存在里划出裂缝："是我"和"非我"，贞淑与猥亵，美德与缺德，温顺与野性等。时尚却无法控制地跨越着这些规范的分割线。时尚让规范的视线投射到各个角落，从反面透射并呈现他者的视线，重新规整这些视线中混乱和懒怠的部分。但是也有以分界线本身作为主题，将各种各样吵闹的想象力集中起来的时尚——SM 时尚：通过将拘束的手法纯粹化，将身体的驯化和肉体的诱惑这两个反方向运动合二为一。

SM 时尚让贞淑转向猥亵，顺从转向挑拨，痛苦转向快乐，将视线固定在反转的临界点上。但是，SM 时尚本身并没有追求遮蔽与保护身体，其使用的拘束型手法也并没有伪装在追求美观之下。为了生成规范的秩序，让秩序的界限更强烈地体现，它无视隐蔽和装饰等其他的衣服构成手法，除去所有多余的象征性粉饰，只穿戴纯粹拘束型的单品。S 会穿戴眼罩、胸罩或紧身胸衣、皮带、手链、吊袜带和网袜、高跟靴（这些服饰的原型都来自维多利亚时期），M 则穿戴项圈、长袍和面具或眼罩。

这些单品都直接地实现了拘束的效果，限制或停止了身体的自然运动，让皮肤感觉觉醒或紧张。特别是为了让身体的界限意识增强，在皮肤上使用橡胶材料，遮住双眼切断视觉输入，集中皮肤感觉。鞭打让皮肤表面受伤，捆绑是自发地自我封印，也让皮肤极度紧张。

在 SM 的游戏里，为了废除"我"的可视身份，任何表现自己社会身份和地位的单品都被禁止。另外，为了将存在匿名化，头部会被面具包裹起来。在这个过程中，在规范秩序里编成的"我"，被拉回到和野性、不规范性，或者动物性的界限之上，被唤作"小狗""猪"，不许说话，只能嚎叫。在穿着的材质上，皮革和皮毛被大量使用。同时，为了将同物质性的界限弱化，把像进食和排泄这样的事情从意志的控制中解除，强制变成机械化的过程。在皮肤上直接地使用塑料、金属、胶质等无机材料，来强调有机的"生理"。最后便是对身体界限的侵犯。打开在人前无法展示的密室，在那里一切的隐蔽都不被允许，打乱身体可以展现和不可展现的界限。插入体内的异物，入侵了内部与外部的界限。身体被紧紧束缚，造型上的形象被改变。在穿着上，为了象征被禁忌的快乐，通常统一成黑色。漆黑和肤色相互对照，让人工和自然的临界点更加显而易见。

这样一来，SM 时尚也是某种动性和它反方向的结晶。实际上，诱惑型的时尚都导入了 SM 的修辞法，只不过通常的时尚会侵犯某种秩序，但这种侵犯却往往只在秩序所允许的范围内进行。在 SM 时尚里，它所动摇的是秩序的生成本身，这也不难理解为什么在 SM 游戏里常常出现医疗道具，"死"气沉沉。

"衣服是什么？
它是不知何时会爆炸，主体会自己关闭的密封舱。或者说，与其说是爆炸，不如说是借用深陷存在之苦无法自拔周围的人的语言，让自己爆炸。"

——尤金妮·勒穆安 - 吕西奥尼 [01]，《衣服》

**讨厌的可塑性**

在我们的生存里，如果要建立一种区别于天性的秩序，其前提是必须先规范地分割：想要建立秩序，就要闭锁秩序以外所有的可能性；要给某种行为加上一定标准，那就意味着别的行为无法进行与存在。所以制定规则一方的视线，当看到别的形态的时候，就是它们被禁止的时候。虽然也有排斥的视线，但它是不被允许的。本身不可能的事情也就没有禁止的必要吧。

从自然中产生的分裂，对自然的扭曲和逃离。这种"否定"的运动，它本身在道德上是无垢的，却又可能被打上不道德的烙印，任何超过、溢出、过度的东西，有可能打乱秩序的东西，都是被指责的对象。

但是，就像蒙田 [02] 所说的那样，"我们总是把可能的事

---

01　尤金妮·勒穆安 - 吕西奥尼（Eugénie Lemoine-Luccioni，1912—2005 年），法国著名精神病专家。
02　米歇尔·德·蒙田（Michel de Montaigne，1533 年 2 月 28 日—1592 年 9 月 13 日），法国北方文艺复兴时期最有标志性的哲学家，其著作《随笔集》（*Essais*）在西方文学史上占有重要地位。

情变得不可能，这是我们的习惯"。(《随笔集》) 也就是说，我们认为的理由充分的现实的秩序，仅仅只是说得通的所有形态里的一种，在世界上（或者说在"我"里），其他的秩序也是可以建立的。意识到这件事情，其实是一种非常令人讨厌的体验。我们所认为的必然的秩序，即使看上去多么地坚不可摧，其实都不过是沉浸在随意性与偶然性里而形成的产物罢了，到最后的时刻也无法消除这种无根据性。

时尚的要义在于身体可视化的变形，从自然秩序中逃脱，变换成别的形态，就要呼唤自己本身的可塑性——自然。但我们无法找到自然世界不是童话与寓言的证据，这是最令人讨厌的地方。

帕斯卡在读了蒙田上面那段话后，在纸片上写下了如下话语：

"父亲们生怕孩子们天生的爱会消逝。那么这种可能会消逝的天性是什么呢？习惯是第二天性，它摧毁了第一天性。然而天性又是什么？为什么习惯不是天生的呢？我很担心这种天性本身只不过是靠习惯而已，正如习惯是第二天性一样。"

—— 《思想录》，93

# II

# 隐蔽的意图

# 1 起泡的表面

## "穿上衣服也是裸体"这件事

"我换了一条又一条的裙子，试图隐藏我的身体，一层又一层。他却跟我说：'你再穿一件试试吧？脱下来看看？再穿一遍试试？你越包裹自己，我看到的越是你的裸体。穿上衣服的你，只要走一步，就向我全部敞开，你好像就是腿、乳房和肚子。我除了你的身体什么都看不见。'"

——索尼亚·里基尔 [01]，《我情愿赤身裸体》

索尼亚·里基尔的"他"那天这么对她说。原来，能被看见的"我"，被衣服包裹住的"我"的可是表面，不仅仅是"我"的外在。只是，所谓的和"外部"相应的"内部"却并不存在。如果我们脱去所有的衣服，展露出来被皮肤包裹着的身体，只不过是另一个表面罢了。身体的内侧，若是在打开身体的那一刻，就会瞬间地反转成外侧。在这里，"他"所说的，并不是脱下衣服的裸体，而是他的脑子里能看见她的裸体，想看见她的裸体。穿上衣服的她仍然是裸体，因为衣服并没有把她藏起来，而是让她露出来，把

---

01　索尼亚·里基尔（Sonia Rykiel，1930 年 5 月 25 日—2016 年 8 月 25 日），法国时装设计师、作家，被称为"针织女王"。

她的全部透视出来。这都是"他"想要的。衣服就好像是她的皮肤一样。当然，她并不是衣服，她也无法变成衣服，她和衣服之间的关系是这样的：

"我想到了一种'袋鼠服'，一种可以叠穿，可以拆卸，可以随身携带，没有里外，没有边框的衣服。白天可以穿，晚上也可以穿，是一种可以当作毛毯的上衣，也是可以当作上衣的毛毯。我不想要各种时刻表、行程单，也不想要任何契合时间的服装。我想要的衣服，它会服从我，包裹着我，模仿我，诱惑我，让我打开，让我抱有欲望，让我嬉戏，调节我的工作，让我的每一个动作都栩栩如生。"

她所追求的是，当她作为一个不折不扣的"索尼亚"而存在的时候，她与世界接触的那种方式、那种形态、在衣服上没有错误地正确表现。她用这稍显矫情的表现，向"他"说的"你即使穿上衣服还是裸体"表明态度。只是，她比"他"要更清楚，"我"的赤身裸体，"我"完全的可视化状态，是一个无法达到的梦境。衣服可以造型、调节、演出"我"，但是也可以挑拨、欺骗、玩弄"我"。

"我虽然是个人，但是存在的地方到处都是：在各种各样的色彩之上，形态之下，在口袋之中，衣服却再次覆盖了我，我成为肉眼看不见的存在。衣服钻进我的内心，吞噬我的灵魂，屠杀我，贪食我的尸体。衣服赖在地上坐着，占领

**62**

着我。衣服在我（身体）里面，则像一个肥胖的婴儿，吸我的血，将我豪饮。如果我有时候不小心忘了它，它就会猛踢我的肚子。"

衣服不是"我"背后的面具，也不是"我"身后的外皮。想谈论"我"与衣服的关系，就无法把"我"排除在外。"我"与衣服互相感染、互相侵蚀。吞噬的东西被吞噬，撕裂的东西被撕裂，成形的东西被形成。在这样的关系里，"我"死过好几次，又重生了好几次，或是成了好几个人。

索尼亚为了达到"即使穿着衣服也是裸体"的效果，而把"我"沉浸于其中的，正是这个生成和变化的运动。

"双重的，我希望自己是双重的。总是能够两次，从两侧，从前面和后面，拥有两种颜色，能够单纯又复杂，刁钻又和善，我想成为那样的我。

大概如此强烈地渴望成为复数的缘故吧，在不知不觉之间，自然而然地，我变成了好几个人。"

**梦想的立足点**

我们在可视性中展开身体。只要我们还是身体上的存在，每一个"我"就只能从看得见／看不见，看／不看的可视性关系空间里被编织出来。但是，在这个空间里，"我"到底

63

是一个怎样的形象（肢体）呢？

从头发到脚尖，我们总是对身体的可视性进行一些加工：我们伤害身体的表面，涂上颜料，戴上绳索与石头，用布包裹。另外，我们在布料上切割，绣上花纹，让表面变得粗糙。

在某个画面上简单的一条线，有时候会毁了整个绘画。（所以画家总是犹豫什么时候才算画完）同时，这条线，还通过画面预料之外的方式转移到别的可视性空间。在绘画中，一条线、一个笔触可以以改变整个画面为动机，在一瞬间开拓全新的可视性次元。与此相同的是，颜料和布料是对身体可视性的物质介入，它们也把我们身体的存在引入另外的可视性次元，另外的意义作用空间。索尼亚用"裸体"和"双重化"的表现来赌上自己，难道不是一个可视性次元通过某种物质介入而变换成别的可视性次元的那样的瞬间吗？

但是，在衣服和颜料介入之前，身体的表面并不像空白的笔记本或是画布一样，作为空虚而没有被写入意义的零度空间。它时而凹陷，时而凸起，时而笔直时而弯曲，时而起伏，时而波涛汹涌，处处都刺激着我们的视觉。各种意义的纠纷、颤抖、回响甚至喧哗在表面之上。然而，它却唤起了皮肤的另一种可视性，还想混入其中，这是为什么呢？

"我"的存在本身就隐藏着其来自根源的脆弱，也许就是这种脆弱呼唤着衣服的可视性。只能用想象力来填补的洞穴，衣服会掩饰它。服装给想象力塑造了"梦想的立足点"，正因如此，我们的可视性存在于露出脆弱的地方，就是"梦"显现的地方，同时又带着这种脆弱，糊弄着我们，打碎梦想。

**被撕裂的可视性**

　　在一次开车的时候，我看着斜上方的后视镜，突然一下想到这件事：在镜子里，有一张我看惯了的女人的脸，那张脸看上去有些歪斜。原来不就是这样吗？人类的脸原来并没有严密地左右对称啊！我好像顿悟到了什么，可是却还是有一些东西让我有点疑惑。

　　几分钟后，谜团被清晰地解开。也许大家会觉得这是理所当然的事情，但是我第一次注意到的那张脸，这张脸的主人每天都只能在镜子里看到。也就是说，我每天看到的她的脸，她自己却并不知道它长什么样子。不仅仅是脸，她的头发、她的后背、她的肛门，除了一部分之外，她从来没有亲眼见过。她和自己可视存在的关系，仅仅存在于黑暗之中。当然对我来说也是一样，不管我和谁见面，和谁相互凝视，这些如此单纯的行为却是建立在具有决定性的偏差之上，这个事实让我至今都觉得震惊。

我们每个人的可视存在只存在于我们的想象中。我们只能用自己的想象力，将自己能看到的自己的身体的部分，和在镜中映出的部分缝合拼接起来。我们在和同伴们拍完照后，每个人第一眼看到的都是自己的脸，并且恐怕没有人会对那张脸感到满意。穿过照片的视线里有着我们到现在为止自己不曾见过不曾拥有的自己，想象中的自己，和自己在黑暗中摸索出的自己可视性的误差，在那里露出，闪过不安的影子。

　　同样，我们走在街上，突然在镜子里看到自己的时候，即使再心慌意乱，我们也会在趁人不注意的时候窥视一下，和另一个自己偷偷地交换视线。在"扭曲的脸"完全平息为"平常的脸"之前，我们不停地调整视角，端正姿势。只是那个表情，总让我们觉得与平时不同，好像怎么都觉得僵硬。就是那么一点点的僵硬，在意识里形成小小的疙瘩，让人无法清除。

　　这幅小小的映像，这虚幻的一瞬间的镜像，展现出"我"这个存在的裂缝，"我"的脆弱，意识的易碎，都在可视性的场面里被暴露无遗。

　　在看得见 / 看不见，看 / 被看的交错的可视性空间中，我们挣扎着想要得到能够成为自己支点的常规的可视性。但是，我们总被一层膜完全地密封起来，无论在哪里都被自己渴望，被自己梦想。"我"的可视性存在虽然随处可见，但是伤口却总被撕裂开来。"我"不断使自己滑入可视性的皮膜之下，根据那个自己的像，打算将自己封闭在里面。但也是在这个表面之上，总是暴露着自己空虚的五脏六腑。

"在存在的表面，我们既希望存在的出现，又希望它被隐藏起来。在这个领域里，开／关的运动非常多，也一次次地被逆转。那可不可以官方地说，人就是半张开的存在呢？"

——加斯东·巴什拉[02]，《空间的诗学》

"我"的可视存在，以及它被撕裂的可视性，不是掩盖"内部"的皮膜，而是"我"的那些一个个被描绘出来又通通消失的表面。即使衣服穿得整整齐齐，"我"还是一个毫无防备的存在。

为了掩盖这种无防备，"我"为了填补存在于此的裂缝，我们紧紧地追赶着包裹着"我"皮膜的梦想，使用颜料和服装，干涉"我"的可视性，将它做成别的东西，永无止境。"我们没有办法对自己的肉体和穿在它身上的东西拥有满足感，所以我们只能不断变化穿在身上的东西"。（伯纳德·鲁道夫斯基）

---

02　加斯东·巴什拉（Gaston Bachelard，1884年6月27日—1962年10月16日），法国哲学家。

## 可视性的变换

衣服本身不过是被缝合起来的布而已。这些布如果有人穿上，就变成了衣服，并且因为想要被人看见，我们会加上这样那样的补充。如果说服装是首先改变"我"的可视性的东西，是因为需要他人的视线。想要用看得见的东西和看不见的东西发生关系，就需要在看得见的东西里引出充满嘈杂想象力的视线，这就必须和衣服一起共谋达到。

想象力在可视性的表面上狂奔：紧绷、凸起与凹陷、褶皱与坑洼……在表面上制造各种起伏。意义的泡沫——在那里有些出现了，有些消失了，有些被隐藏了。正如尤金妮·勒穆安 - 吕西奥尼所说，镜像是我们最初的衣服，因为它的身上带着视线，改变可视性的视线，或者说，时尚的视线。

就像一种无意识一样，衣服被裁剪成或多或少的原始且精心锻造的形状，制造出各种美梦抑或是噩梦；对于不了解这一切的人则像是衣服被剪切成不成形的东西。但无论是动剪刀还是动铅笔，都会生成一个表面。

——尤金妮·勒穆安 - 吕西奥尼，《衣服》

在这个新的表面通过身体的可视性变换这个形式被实现。衣服的构成使身体的一部分突出，被隐藏、被华丽地装饰，被伸展、被收缩、被弯曲：身体被衣服不同地演绎着。

**68**

"这个为人体打造的工艺，在时间的流动里，御用所有种类的技巧，现实或虚构的各种各样的身体情况。并且，它会为了得到尽量多的限定效果，或者这些效果之间的叠加作用，而抑制全体的效果。也就是说，通过掩盖能被看见的东西，让被隐藏的东西能被看见。"

——菲利浦·佩洛，《服装考古学》

露出 / 隐藏这两个反方向的战术，互相合作着不断动摇着，或是完美地演绎着我们的可视性。接下来让我们一起来解析一下它们的缜密计算。

## 2　肉的回避

**想象力的资本**

　　"我"的存在本身隐藏着其内部的脆弱，这难道不是向衣服可视性的控诉吗？因为有伤痕，所以试图掩饰，或者说，掩盖空虚的面纱会创造出能够填补空隙的任何东西。

　　所以"隐藏"这个词词义有限制：隐藏的前提是需要有被隐藏的东西，不然这个行为就不可能存在。

　　如果把服装变成一句话，我想会是"我有秘密"。它是一种引起对方注意的招数。在身体上被认为带有性刺激的部分，全部都以一种吸引人眼球的方式被隐藏起来。就好像生日礼物一样，包装得漂亮，扎上蝴蝶结，谁看了好奇心都会被刺激，想赶快打开包装。

　　　　　　　　　　　　　——艾莉森·卢瑞[01]，《服装的语言》

　　存在于身体和投向身体目光之间的一块布，让身体存在的可视性发生变化。因为它，在身体可视的表面产生了分

---

01　艾莉森·卢瑞（Alison Lurie，1926年9月3日—），美国作家，1984年以小说《对外关系》获得"普利策文学奖"。

71

割：看得见的东西和看不见的东西，外面的东西和里面的东西。想象力看起来是向着看不见的东西，其实却是以它为出发点，走向它的反面。

因此，"我有秘密"这件事非常重要。重要的不是"秘密"本身，不是隐匿这个行为本身，而是隐藏了什么。正是它在可视性的表面引起一片嘈杂。实际上，当人光着身子出现在我们眼前时，我们会因为完全不知道该看向哪里而感到困扰，想象力却不会掉线，早已经在身体的上下左右徘徊了好多遍。

不需要了解有关羞耻心的历史和地理我们就能知道，关于我们的可视性，我们的身体绝对需要被隐藏的部分其实并不存在。为了让人有"如果这个地方露出来就完蛋了"的感觉，就必须创造"私处"。因此我们必须不断地在自己的可视存在里投下想象力的资本，身体只是为此提供一个场所而已。

例如裙子长度的变化。德斯蒙德·莫利斯[02]于1977年发表的《看人》中，他将1921年至1977年间的时装廓形一字排开，分析了女性的裙子和经济景不景气之间的关系。他得到的"法则"如下：（和大多人的预想相反）"股票行情一涨，裙子会变短，股票一跌，裙子就会变长。"通常我们会想，

---

02　德斯蒙德·莫利斯（Desmond Morris，1928年1月24日—），英国著名动物学家。

因为经济景气，资源富余，肯定是长裙比较流行。在不景气的时候则会为了节省，裙子肯定越做越短。但是实际情况和这个想法正好相反。为什么女性在经济状况变好的时候会想露出更多的腿呢？莫利斯推测，经济的繁荣反映出女性身体行动的活跃，"一想到财政上有保障，女性就会感受到男性的大胆诱惑"。

如果只看裙子长度变化的话，也许可以这么说。但是一旦涉及诱惑的强度，这个说法就很难让人马上信服。从迷你裙边偷窥大腿的深处，或者从完全覆盖下半身的长裙，或者和服的下摆窥见脚踝的深处，哪一个更色情呢？只有在与被禁止，被隐藏的目光发生关系的时候，才能测量到挑逗发生的程度。那么流行的裙子长度为什么会上下变化？如果不明白隐藏和露出的界限，或者隐藏的目光和隐藏在其背后的想象力运动相互争执的前线为什么会不断移动，就没有办法回答这个问题。

"如果说一些比较现实的如何露出身体的原则，要注重多样性这件事情，也就是说具有魅力的要点会到处移动这件事。譬如，当女性被包裹的腿从缝隙中露出来的时候，它首次接触到了公众的视线，让很多男性的道德基础有所松动。男人们刚刚恢复平静，就开始寻找临近的另外一个地域。为了让男人们走上正确的道路，也为了让他们体会到这种发现的乐趣，从膝盖到大腿，女人们将一个一个部位从机密名单

73

上移除。试想，如果腿失去了'今日推荐'的魅力，那就必须把帏幔放下遮住腿，让它的魅力再次充电。所以这条线永远在上升下降。"

——伯纳德·鲁道夫斯基，《不好看的身体》

一直激发想象力的色情资本，在想象力的反复运动中被耗费干净。因此资本必须不断地被投入和补充。可是实际上并没有新的东西可以被填入，到哪里去找一个新的身体呢？所以只要让新的意义作用发挥在别的部位就行了。被忘记的身体部位会作为无垢的对象，作为被投资的对象再一次复苏。

就像这样，时尚的重点就是循环反复。当然不只是裙子的长度，裤子的长度，下摆的宽度，领子和领带的宽度，袖子的长度，上衣的大小，总之所有有尺码的东西都往返于一定的度量之间。本来身体的看点，或者时尚的焦点本身，就是往返于脖子、胸部、腰部、臀部、腿部、背部之间。

**神经质的升级**

时尚是死亡与再生的循环运动。它到底为什么总是耗尽自己创造出来的诱惑力，然后又把这个战略完全解体呢？那么我们首先来看看用一块布遮蔽身体这个行为吧。

裙子的长度紧随时代的变化而变化，这么说来这是非常随意的一件事，所谓"正确的"裙子长度也就不存在。但是在一个时代里，裙子下摆的位置，对于穿裙子的人来说，对于看裙子的人来说，都有着决定性的意义。在鲁道夫斯基的《不好看的身体》里，有一篇于 1868 年刊登在 *Harper's BAZAAR* 杂志上的文章，里面图解了当时 4 岁至 16 岁少女的"正确的"裙子长度。他说，"对于我们祖母的时代来说，贞淑是可以被测量的东西"。同样的道理也适用于胸前的装饰，在书的另一页他写道，"对西方女性来说，如果让她们把脖子多露出两英寸，还不如让她们把衣服全脱光了比较容易"。

　　正是因为我们被一个时代的时尚囚禁，特别是被道德的时尚所规定的标准束缚，一个时代的时尚的变化才会翻云覆雨。可是，那不能被看见的身体部位（或者说必须隐藏的部位），和可以被看见的部位，到底是怎么一回事？如果在现代找出同样的神经病现象，比如说通过"涂黑"、模糊、马赛克等隐藏局部的方法，进行名为"伦理规定"的视觉媒体审查。穿着比基尼或高叉泳衣在海边或泳池优雅信步的年轻女子，不是也有着所谓的"不能看的东西"吗？想象一下那些在"伦理规定"中对画面发布异议的审查官们，到底穿着什么样的内裤呢？只是想一想，就觉得好笑。

　　在叙述"束缚"的时候，我们确认了它作为时尚的基本事项这个事实。但是在我们可视的存在中，强烈地吸引着我们的视线，将视线连接起来的部分，与想象力相反的作用力激烈地挣扎着，并不停地反转。这种反转，在"隐藏"的情况下，不像"束缚"那样直接地介入身体感觉，而是彻底地在可视性的地平线上展开。因此，在这个手法中，想象力被当作不存在一样，更加纯粹和精致的形式被展开。

"拘束"的手法要求我们对身体的存在有规范的顺从，包括对自然身体的物理变形，限制肉体和野性的东西。与此相对，"隐藏"的手法则把所有威胁贞淑与谨慎的东西藏起来，对于肉体和野性的东西完全回避。同"拘束"一样，这也是一个停不下来的过程，以接近神经病的状态进行着。

在 19 世纪的维多利亚时代，女性们对上半身进行大胆的装饰，用紧身胸衣毫不吝啬地协调乳房到腰间的线条，但是下半身则是彻彻底底地被掩盖起来。像三角烧瓶一样鼓起来的裙子，下摆落到地上，裙撑把下半身的轮廓变为与自然完全不同的东西，并一层一层地叠起来，就好像腿是从来未曾存在过的东西。

这样的服装形式，很好地展现了当时贞淑 / 猥亵等意义的规范分割是如何附着在身体的各个部位之上的。同时，每个意义也总是在局部化。就好像我们被问到"心在哪里"时，总会指向胸前大致的那一块，人们把性器官和其周边，甚至作为其延续的双腿，都看作是人身体上最淫乱的部分。

但是，"强烈的否定，通常都是与之相反的同样强烈的情感。也就是说，努力地抑制，肯定也是因为想要隐藏同样强烈的肯定"。（科恩）也就是说，审查的视线反过来也就是欲望的视线。为了隐藏个中纠葛，压制与隐藏这两面的情感，审查的目光也越来越有强迫感。

腿本身没有任何淫乱的地方，却被附上局部化的性的含义，层层渗透。同时这也会波及身体以外的事物，转移到其他事物身上。福克斯说道："对上层礼节的最大挑衅，就是把性这个东西带入公开的举止中。"（《欧洲风俗史》）这样一来，审查的目光就必须对准所有能够暗示性的东西。17世纪美国女子学校的钢琴"腿"上也被套上"下身带有花边的小巧高雅的裤子"；教授礼节的书里禁止在人前说"腿"，"腿"好像是一种实际上不存在的无法用语言表现的东西一样。（顺便说一下，当时"我怀孕了"也因为其太过明显的表达方式而被回避，必须使用像"我充满希望"或者"我的状态变了"这样委婉的说法。）

特别是在刚开始认识性的青春期的孩子当中，人们特别注意传播这样的强迫观念。大人们会把全部有性暗示的东西，能够唤起孩子性冲动的东西全部收起来，从行动习惯到着装打扮上都严格规定。在19世纪"为了不让裤子摩擦性器官引起兴奋，应该把裤子放松。很多道德家劝家长要特别注意男孩的裤子，选购口袋浅，或者口袋分离的裤子"。在1897年出版的小册子《年轻的小姑娘应该知道的事》当中，为了不让少女的注意力转向对自己身体的探索，充满了很多奇妙的修辞。

"你不会把棒子和石头插在你的耳朵里，也不会让别人对你那么做。身体的所有器官都是神圣不可侵犯的，眼睛、耳朵、性器官也一样。你绝对不能玩弄你的器官，也不能让任何人做那样的事。虽然有时这么做给人一种愉悦的感觉，有一些女孩会沉迷于玩弄自己的性器官。这被认为是孤独的恶习。因为它会表现在脸上，聪明的人都知道她在干嘛。这样的女孩常常感到难为情、焦躁，不高兴的和反抗的。她们不仅无视女孩子要端庄的要求，反倒更加大胆。她们的饮食喜好也会随之改变，有时候想要芥末、胡椒、醋等口味重的调味品，这对小女孩来说非常异常。"

——史蒂芬·科恩，《人体的构造与命运：人体的文化史》

到目前为止，与"隐蔽"这种时尚手法相关的不是身体的存在，而是我们对身体存在的观念。或者像埃里克·吉

尔 [03] 所说的，"与其说衣服是合乎人的身体，不如说是合乎人的精神"。不管怎样，一片布对身体可视性的介入，对它的变形，驱动我们的想象力，根据想象力编织出的故事赋予我们的可视存在各种意义。同时，这些意义和这片布一起构造出复合的配置规则，在这些构图中再传送回去。

---

03　埃里克·吉尔（Eric Gill，1882 年 2 月 22 日—1940 年 11 月 17 日），英国雕塑家、版画家、字体设计师，参与了英国工艺美术运动，"Gill Sans"是他设计的最著名的字体。

## 3 最后的面纱

### 被隐藏的故事

衣服的修辞法中存在着这样的规则——对"肉"的压抑、封锁、回避。可是，"肉"真的那么危险吗？而且该被隐藏的，难道不是比"肉"更危险的东西吗？把衣服与作为实体的身体局部存在化的"肉"联系起来，我总是不得不认为，这样反而会让人误解衣服的本质。

使"我"的可视性变化的东西，就是时尚的视线。几块布，部分地遮住了投向身体表面的目光，"我"的可视性因此转化成另外的可视性。同时，这几块布是可以拆卸的，仅仅这一点就能够说明，"我"的可视性是可以被演出的。（先不论"我"是否演出或被演出）从这个演出的可能性来看，并不能从遮蔽身体这个视角来解读"隐藏"这个服装构成手法，而是从可视性的变换这个观点。

同样，我们可以把身体的露出这个手法看作是隐蔽的逆向规则。于是，"隐藏"的问题不在于在身体可视性的变换时热闹地施行隐蔽／露出这两种策略，关键在于在这种热闹之下到底藏着什么。通过遮住或暴露某些部位来隐藏和暴露别的部位，"隐藏"这个秘密的变位、伪装才是真正的问题。

81

"身体上最情色的地方难道不就是衣服开口的地方吗？……正如精神分析所说的那样，情色的是间隙。两件衣服，两个边缘之间闪闪发光的皮肤的间隙。具有诱惑性的是这种要露不露本身，换句话说就是出现和消减的演出。"

——罗兰·巴特，《文之悦》

接下来罗兰·巴特这么说道：

"这并不是脱衣舞和悬疑小说式的快乐。在这两种情况里，既没有裂缝，也没有缘分，一切都只是按照正确的顺序被一一暴露。它们的兴奋来自想要性爱（高中生的梦想）或者想要知道结局（浪漫的满足）的希望。反过来说，这是比文本的快乐更有知性的快乐。如果所有的故事里（所有的真相）都有'父亲'（不存在的、隐藏的或是三位一体的）登场，那么这就是俄狄浦斯式（让起源与结局都赤裸裸呈现的、知性的）快乐。"

这里极具讽刺意味的"知性的快乐"，脱衣舞的观众、推理小说读者和哲学家的快乐，都是在把服装、密码、诡计、一个个的假象都剥去了之后，当一切都明了的时候，到达被隐藏起来的"秘部""真相""真理"之后就都无所谓了。这些故事里，只要是被掩盖的东西，把这些掩盖除去，被隐藏的东西就一定会被暴露出来。它"从开始的时候就保证了一个秘密会被暴露，然后被推翻，最后达成目的的时候就能好

好逃跑"。（罗兰·巴特，《萨德、傅立叶、罗犹拉》）

对于罗兰·巴特所说的那种"知性的快乐"来说，重要的不是隐藏着的深奥、终极的真理，而是它本身存在这件事，并且能够一点一点被接近这件事。换句话说，这是一个逻辑等于时间的秩序，当你进入一个序列之中，被构成这个序列的"代码的拘束"捕捉。所以，终结永远要被拖延，必须被悬在空中。故事的终止符总有一天会出现，且不能不让这一天到来。

当然，脱衣舞也好，推理小说也罢，它们都有结局。只不过，这个结局都是被偷来的。无论是什么结局，我们都会对这个结局带来的空洞感到失望，但却又不因此而苦恼，反复地被同一个故事吞没。

**不可能的忘我**

在追求结局的同时，却又不得不断地推迟结局。对于这种"知性的快乐"（与其说"知性的快乐"，还不如说是现在"最常见的快乐"）来说，最大的禁忌就是摘下最后那一层"面纱"。而且，这一层"面纱"还那么好摘下。如果说无论如何都必须被隐藏的"秘部"是裸体，是性器官的话，想要看到它们并不是一件难事。这些狡猾的脱衣行为，一边通过虚假地将身体的"秘部"递给观众，让观众产生一种"看了

**83**

不该看的东西"般的不安，却最终以"垂着的面纱"（并未除去）的状态而结束。

"将观众的欲望集中一身，适度延长这个女人肉体的性感变身时间，这是演出情色脱衣舞默剧的技巧。这个变身的时间不能太短，也不能过长。像昆虫变身一样，这个女人的变身也必须不断地让人们抱有神秘的期待。期待不断往前，神秘则向着肉体的深处不断后退。期待必须以期待结束，神秘必须继续保持神秘，一切都要在这个时候中断，让余韵绵长。必须非常慎重地考虑完全展露裸体这件事情。最后的那块布料，在灯光熄灭的那一刻，永远地映在了观众眼里。"

——涩泽龙彦[01]，《少女集序说》

"在脱衣舞中，舞娘作出裸露身体的样子，实际上却是用一连串的东西把身体遮盖起来。异域风情就是这个遮挡下的最初产物。因为肉体总是在这个过程中僵硬地远离神话般的浪漫事物。拿着烟管的中国姑娘，穿着巨大的框框裙子演唱小夜曲，这一切的出发点就是把女人当作装饰品来构成。脱衣舞也是这样，它不是要把'秘部'展现出来，而是通过脱下异样的人工衣裳，想要表明裸体才是女人自然的衣

---

01　涩泽龙彦（1928 年 5 月 8 日—1987 年 8 月 5 日），日本小说家、法国文学专家、评论家。

服，在最后是对肉体完全谨慎的再发现。"

——罗兰·巴特，《神话》

作为欲望目标的裸体在露出的瞬间变成了衣服。在那一瞬间，裸体像一个想要摆脱欲望的向量，转移到了别的意义空间。可视性的嘈杂侵蚀着"我"，让"我"共振，让栏外的"我"产生一种自己不能拥有主动性一样的欲望，从内部让"我"爆炸。拥有这种爆炸力的"肉"，在那一刻从"我"当中被抽离。我们的目光全部都集中在戴在裸体之上的面纱，散乱着的无名欲望也流向那里。讽刺的是，在裸露的身体上，"肉"的印象却是疏离的、被驯化的。之前说的"秘部"是"远离的"和"失去的"就是指的这个意思。裸体是安全的。

是我们被骗了吗？或者说只有在梦里才能看见真正的肉体呢？

至少在这里，不存在引起现实和非现实的跨界，也不存在一边潜入，一边向着某个地方自我炸裂、自我崩坏的狂喜。意义的局部化被进一步升级，最后的"秘部"逼向性器（或"性感带"），不管逼得多近，事态也不会有什么改变，它们只是描绘同一个规范的故事，将同样的欲望更深地制度化罢了。

85

### 衣服的丑闻

在裸露的瞬间"秘部"也随之消失，只留下适量的短小快乐余韵。为了追求那小小的快乐，需要付出等量的周期。也就是说最后，充满"秘部"的现实总是反反复复。不仅如此，这个"秘部"只有在一个暴露了隐藏的故事的时候才有意义。在这个故事的外部，只有明确的东西，而不管怎样，"秘部"的内部总是空虚。

这么说来，每片被剥落的面纱，掩盖的并不是它之后的东西，而是掩盖在它之后什么都没有的现实。也正因为这样，最后的面纱才不能被剥夺。

所以，我们一直停留在"隐藏的东西定会暴露"这个幻想中。换句话说，对这个最终结果的幻想使我们总是处于在追求的过程中。我们对身体的包装就是这一点最显著的体现。光彩夺目的包装一定很好，因为让人感觉内容也一定很棒。哪怕再挑剔一点也不要紧，因为越是辛苦期待越大。但关键是，虽说是包装但不是越厚越好。包装必须要好好地配置和设计，顺序一定不能错。要能刺激想象力，让它穿越现实的时间，向着衣服脱掉以后的空间驰骋。

例如从裙子到脚部的漫长旅程。福克斯将裙子形容为"通往天国道路上的第一个停车场"。它就像一个没有封口的信封，总是给予"窥视"的希望。

"路易十三时代，使用吊钟型裙撑的女性们，穿着三件分别名为'文静女''轻浮女''神秘女'的宽大裙子组成的长袍。人们能够从'文静女'的缝隙中看到'轻浮女'，而当'神秘女'被轻轻撩起的时候，就能露出脚踝。"

——帕斯卡尔·赛塞[02]，《服装史》

从贞淑到放浪，然后再到神秘，柔软轻薄的贴身衣和蕾丝像晚霞一样垂下，在它们的深处的黑暗里藏着附着丝带的袜子。在现代，半透明的衬衣和里面隐隐可见的内衣，或是和服领子重叠的渐变，穿上和脱下的顺序都让人联想到通往"秘部"的路。

只要一弯腰就露出乳房全貌的柔软毛衣的领口，宽松的袖口，迷你裙下摆的缝隙，胸前解开两颗扣子的衬衣，露出脖子的和服和它的袖口与下摆，它们都是通往神秘宫殿的入口，只不过摆弄着一张无辜的脸不告诉你。省略衬衫或贴身衣物直接穿在肌肤上的西装，传达着"下面什么都没穿"的信息，像春药一样催化着欲望。

把身体严实地包裹，同时也将想象力转向身体的轮廓。

---

02　帕斯卡尔·赛塞（Pascale Saisset），法国服装史学家。

"20 世纪 30 年代流行的是将身体的曲线明确地展示出来。斜裁的方法因此而发达。为了突出身体的曲线，面料的花纹需要单纯规整。条纹的面料因为其线条方向明确，更能够清楚地知道衣服形状的凹凸。复杂的大型花纹则让身体的曲线不是很清楚。波点和格子也一样，能够敏感地传达平面的运动。这些纹路很容易激活透视，渐渐接近的两条线和波点的不同排列能够让人感受到深度。"

——海野弘[03]，《流行神话——时尚、电影、设计》

还有一种让时间逆流的技巧。背上带着扣子的连衣裙，若是你在想着为什么它在那的时候，就已经陷入它的策略之中。或者是拉链，通过拉开和关上它创造出一个完整的宇宙，它象征着开合这个故事的时间性和过程性本身。拉链让被禁止的东西一口气完全露出，就像身体被刀子凶猛划开的凄惨，让人倒抽一口冷气。在这一点上，丝带对这个过程给予了相对柔和的暗示性。

在这些例子（裙子下面的遮挡太富于幻想性——衣物摩擦的声音更助长了这种幻想）中出现和消失或断续的幻想，也许就是罗兰·巴特所说的"另一种色情"。但是，在这种情况下的"隐约可见"只有始终浸透在"只要是隐藏的东西就一定会暴露"这个故事当中才会变得色情。从这个意义上来

---

03　海野弘（1939 年 7 月 10 日—　），日本文化艺术评论家。

说，它只是被故事绑架和笼络的色情罢了。"断续"不是一种根据自身，而是根据最终显露的前奏或序曲来进行诱惑的战术。

根据语境的不同，"裸体"有时候会引起不小的骚动，但它本身并不是丑闻。它一口气破解衣服精心设计的焦点，在隐藏和暴露的距离关系里被测量。即使再挑衅，也不能说它是丑恶的东西。衣服的丑闻，是它隐蔽性的构造被曝光，无法掩盖其背后什么都没有的"故事"。

但是如果真有这样的衣服，那也就和全面支持隐藏／暴露故事的衣服一样，是另一件肮脏的衣服。该说它狡猾呢，还是说它深藏不露呢？让人觉得时尚的衣服，总让我们处在中间的状态，或者放任不管的状态，一边试图"不破坏那个秘密的性格，让被隐藏的东西显现"（罗兰·巴特《流行体系》），严密的城堡却变成淫荡的大门，贞洁的标志变成诱惑的点火处，这样翻滚的反转运动把我们抛向地狱。人们紧抱这妄图追溯内幕和起源的幻想，却因着自己的厚颜无耻而蹉蹰，从而停留在表层的喧嚣和断续中。当反转运动开始变得缓慢与枯竭的时候，人们便毫不客气地解体那个装置，无论如何都要为自己开脱，保住自己的意义。可这到底是为什么呢？

## 4　想象的外缘

### 忘我的放弃

这是我某次上街时的事情。不知在什么时候，我被拥挤的人潮包围着。仔细一看，在起伏的众人之中，我舒服地将身体托付给周边，眼睛四处游动。在电话亭、办公室、服装店或是咖啡店的窗口，人们激烈地交谈，伸展身体，或者蹲在椅子上，完全不顾他人地移动着，一边扭动着身体，一边抽搐着脸。他们到底在干嘛？这么想着，他们在我看来就好像全身痉挛了一样。是热舞派对？然后我一个人从这个圈子里被弹了出来…… 他们所在的地方真的和我所在的地方相连吗？我这么嘟哝着，身边的景色仿佛一瞬间全都冻结了。

我透过玻璃和他们对峙，突然，两侧以玻璃为界限开始交换。玻璃这边的噪声渐渐消失，周围变成了真空，开始失去密度。透过玻璃看到另一边人们无声的动作，这次却感觉更坚实。为什么隔着玻璃，这个世界开始动摇了呢？

我们总是一个谁。这之中的空白与缝隙，能让我们从另一个侧面明白，衣服隐藏的不是它下面的东西，而是隐藏它下面是什么都没有的事实。

安娜·弗洛伊德[01] 在《自我与防卫机制》中如下说道：

"这个三岁孩子的房间里有四把椅子。当他坐在第一把椅子上时，他就会成为半夜漂流亚马孙河的探险家。坐在第二把椅子上时，他会变成呻吟声让乳母害怕的狮子。第三把椅子把他变成驾驶轮船渡海的船长。但是，在第四把儿童用的高椅上，他只是他自己，他只想把自己当成一个孩子。"

我们的常识恐怕刚好与之相反，我们会认为他是一个不折不扣的孩子，也许在空想世界里扮演着探险家、狮子和船长。但是这个孩子还不能做到很好地区别现实世界和空想世界，对他而言，他是真的成了探险家、狮子和船长。对此，和 R.D. 莱恩[02] 一样，我们是否能反问："人们从什么时候失去'自己感知的东西并非现实'这种感觉的呢？"

我们通常对于自己内心里所发生的事情，可以从内侧直接感受到。但是对于他人如何感受他们自身，我们只能通过外侧去想象，通过观察对方的表情、动作、举止来推测。不同的"我"拥有着不同的内部，这样不同的"我"又在外部互

01　安娜·弗洛伊德（Anna Freud，1895 年 12 月 3 日—1982 年 10 月 9 日），心理学家，追随父亲西格蒙德·弗洛伊德（Sigmund Freud）对心理分析领域作出了贡献。和父亲不同，她的工作强调自我的重要性。
02　R.D. 莱恩（Ronald David Laing，1927 年 10 月 7 日—1989 年 8 月 23 日），苏格兰著名心理治疗师，对精神病领域作出了巨大贡献。

相关联。虽然这种说法有些饶舌，我们总是以这样的基准在行动："以我所经历过的你对我的经验为基础，对我所经历过的你所经历的我来说，我推断着你是如何经历。"换句话说，"知觉、想象、空想、梦想、记忆等都只是经验的不同方式，没有哪个比其他更'内'，也没有哪个比其他更'外'"。（莱恩，《经验的政治学》）在我们的经验和行动中，内外总是交叉的，现实的东西靠的是想象的媒介。

从这样的观点来看，莱恩在前面的安娜·弗洛伊德的文章中添加了如下的注释："平凡的小孩"——他只存在于大人的视线里，所谓的小孩就必须要这样那样。但是，当小孩和这种观念重合的时候，装作"平凡的小孩"，直到忘记自己在装的事实，变成"平凡的小孩"，他就"放弃了忘我"。（《自我和他人》）

放弃。也许可以说从此之后的这个孩子，就只不过是"平凡的小孩"了。雅克·德里达[03]说过，"当多义性无法还原的时候，人就在语言之外了"。在不知道自己和自己没有的东西的界限在哪里的时候，与其他的事物交缠，与之进行激烈的共振与交感，并相互侵蚀，这就是所谓的"秩序的外部"。这是因为位置上的存在，以后会根据某个社会意义来

---

03　雅克·德里达（Jacques Derrida，1930 年 7 月 15 日—2004 年 10 月 9 日），法国解构主义大师，是当代最受争议的哲学家之一。

映出自己，调节自己。换句话说，就是不断向其他事物爆发、分散，一直处于开放的状态，从"恍惚"中离去。从此之后，在被赋予的一个印象中将自己完全包围，在其中获得自我满足。

"平凡的小孩"不久后会成为幼儿园的小孩，成为学生，毕业后成为邮递员，结婚后成为监护人，成为父亲。可以说，被赋予社会意义的界限，以某种形式，框架了自己的感受和判断，定义身姿，整理外表，这样一来他就成为真正的"人"了吧。但是，幼儿园的孩子、学生、邮递员……在没有特定的教育制度和邮政制度的时代和社会中，这些都是不可能的生存方式。总之，所谓的社会意义的界限，避免不了偶然的因素。这样的话，虽然我们都生存着，但无论到哪里都是具有随意性（也就是其他的可能性）的。通过参与一定的幻想体系，才能第一次拥有"现实感"。在某个特定的时代，某个特定的社会中，人们想象中共有的象征性的线，加上"被要求"，人们就成了"人"。我们的现实，因此无论到哪里都是虚拟的。

我们不是模仿看到的东西，而是模仿想象的东西。或者更确切地说，我们跟随自己想象的东西来模仿看到的东西。

——三木清 [04]，《构想力的理论》

---

04　三木清（1897 年 1 月 5 日—1945 年 9 月 26 日），日本京都学派的哲学家，文学教授。

## 所有的衣服都是制服

"请移开双眼，心爱的人，我现在飞过来。"

"恩宠的喜悦，无论在哪里出现，都支撑着人存在于世界之外，或是自己之外。也就是说，'忘我'的文字意思是在自己和世界之外。在这里，人类应该知道有两种类型是动弹不得的，其中之一是把幸福放在自己之外的人们，另一种则是把自己放在自己之上的时候，感到充实的人们。从烈性的酒，到神秘的陶醉，为了离开自己的手段很多；同样的，从淋浴到哲学，为了不离开自己的手段也有很多。"

——何塞·奥尔特加·伊·加塞特 [05]，《爱的研究》

莱恩在之前说道，孩子（不管是要成为邮递员还是父亲）成为"平凡的小孩"的过程是对"忘我"的放弃。那么在这里加塞特则把自己离开"我"的过程称作忘我。但是，如果把这个向量倒过来，原本放弃忘我而成为"我"这件事，实际上是从某种状态转移到另一种状态，也就是说它达成了从某种状态中走出来这件事。而且，我为了成为"我"，不得不一直走到自己的外部，这么说来，"我"不断生成和转换的旋转门难道不正是衣服吗？

---

05　何塞·奥尔特加·伊·加塞特 (José Ortega y Gasset，1883 年 5 月 9 日—1955 年 10 月 18 日)，西班牙哲学家和评论家。

我们一边接受性别、职业、年龄、性格等分类，一边将自己定位于某共有意义的坐标系中。但当我们在人们之间共有的坐标系中不能固定在某个特定位置的时候，忽略或混淆应该固定的位置之后，或者进一步愚弄这个坐标系的时候，人作为不能理解的存在，会在共同体的内部被隔离，被外部排除。狂人、性格异常者、犯人……我们为了得到各自想要归属或必须归属的某些属性（坐标上的位置），按照他人所想象的形象，一边想象着自己，一边展示着"我"。当这种相互协调成立的时候，在这些属性被清楚承认是属于我的时候，我才能真真实实地感受到"是我"。

"我"的自我同一的存在，就是从在这种意义上的共同制度中自己使自己同步而开始的。所以，一切剥去这些属性后的"我"都不过是抽象的存在。如果是帕斯卡，肯定会说，"既不像男人，又不像女人；既不开朗，又不黑暗；既不温柔，又不残酷；既不单纯，又不阴暗；既不安全，也不危险；我无法去爱这样的另一个'我'"。

然而，"我"的这些属性也无法被还原。"我"变换成具有一定属性的东西，但并不是属性本身，而是变换中的

"我"。用让 - 保罗·萨特[06]的风格来说的话，就是"作为'那个'意义上的'我'并不是'我'"。或者引用雅克·拉康[07]的话，"值得注意的是，如果认为自己是王的人是狂人，认为自己是王的王也是一样"。"我"的存在是变换，是转移，是忘我。因此说我通过得到某种属性和意义上的制度同步，这种说法是不正确的。因为在转换之前，或者在那样的操作背后，有着作为主体能够认定的"我"。并且，对作为变换、转移的"我"的生成来说，起决定性作用的是衣服。

成为这个不是他人的"我"，意味着本来有多种可能性的敞开的存在将被缩减，将被限定在如"我是某某"这样的能够理解的框架中。这样的框架，首先从共同意义植入"我"开始。这个植入过程彻底在可视化的次元展开：配上与某种属性相符的表情、身姿、服装。不管哪种存在的缩减，都将阻挡"我"对"内部—外部""表层—深层"的区分。身体与其说是物质，不如说是一个强度，它向着某平面一直缩减下去。我们的身体存在是可视的表面，在那上面描画着共同意义的秩序。人们的可视表面被交叉，风格被同步，被投入到共同意义的体制中去。

---

06　让 - 保罗·萨特 (Jean-Paul Sarte, 1905 年 6 月 21 日—1980 年 4月 15 日)，法国存在主义哲学大师，被誉为 20 世纪最重要的哲学家之一，他的代表作《存在与虚无》被认为是存在主义的巅峰作品。

07　雅克·拉康 (Jacques Lacan, 1901 年 4 月 13 日—1981 年 9 月 9 日)，法国精神分析学大师。

克洛德·列维 - 斯特劳斯 [08] 在谈到南美原住民身体涂饰的时候说道：

"如果这个分析是正确的话，用决定性的方法解释族人女子的绘画艺术，把这种艺术的神秘与魅惑，乍看之下毫无根据的复杂性，作为社会的幻觉——它象征着只要不妨碍社会的利害和迷信就能实现的制度，用永不枯竭的热情去寻找某种社会幻想。这难道不是很了不起的文明吗？这些女人，用化妆把梦想包围。"

——《忧郁的热带》

从可视性的转换这一点来看，身体涂饰和衣服是异曲同工的。在"社会的幻觉"中，每一个人都做着自我同一性的梦，也就是说演出了什么，忘记演了什么再去变成别的什么，而且在某些共同化的制度框架中实现"我"的生成，这难道不就是所谓的"穿衣"行为吗？这么说来，"人靠衣装马靠鞍"是对的。诞生在这个世界上的时候，男孩子穿蓝色，女孩子穿粉红色（一般婴儿服装店里还出售黄色的连体装，为不知道婴儿性别的父母准备）。此后，人们是不是都在祈祷着不要变成除了男人女人之外的东西？为了将人包围在一个职务当中，我们暂时搁置成为另一个"我"的可能性，将

---

08 克洛德·列维 - 斯特劳斯（Claude Lévi-Strauss，1908 年 11 月 28 日—2009 年 10 月 30 日），法国人类学家。

感受性和举止都收敛到同一个意义上。为了麻痹对其他可能性的感觉，我们设计了各种各样的制服：学生、军人、法官、医生、邮递员、空乘、服务员、运动员……但是，强制实现可视性编码的也不仅仅是制服。

所有的衣服都有其构成的风格，还有发型、化妆、眼镜，等等。这些风格里都记录着社会性的意义作用，他们每个的效果，或是相互产生的效应，表现在不同的性别、阶级、职业种类和生活方式上。艾莉森·卢瑞在《服装的语言》中提到，在美国的高中，"奇怪的孩子都穿 Lee，不良少男少女都穿 Wrangler，而普通的孩子都穿 Levi's"。无论是对社会秩序精明地妥协还是唾沫四溅，每个人都会在特定的可视印象中扩展自我——学院风和朋克风就是典型的例子。

这里重要的是，根据构成的风格的不同暗示世界性的差异这种象征。只要启动了这种象征功能，所有的衣服就都是制服。比如在我们的社会里，"男人"是不能穿裙子的。

**共同的梦**

但是通过对我们的可视性编码，将我们生存制度化的衣服想要做到的，并不是把多样的个性均等化。那只是一个表面上的理由。首先，通过编造"秘部"，掩盖这些，隐藏着应该被真正覆盖的另一个事态。衣服在这里也一样，在消除个人差异的借口下，也隐藏着别的事实。

我们身体的存在在可视的平面上凝聚、缩减，在表面上形成一个"内部"。那个表面被开发，在本来不该存在的地方生成"我"，让人产生这个恰好产生的表面一直静坐在皮肤内部的错觉。就这样，身体成了"我"的外表，如同"我的身体"这种表达方法，我与身体进入了一种所有关系。但是，像皮埃尔·克罗索斯基[09]说的，所谓"我的身体"这样被理解的身体，不过是被删除的某种力量的一部分，作为整体被修正后被我返还的一种制度性操作的产物。

"'我'不再拥有'我'的身体，除了以体制的名义；'我'身上的语言不过是它们放到'我'身上的监视者。体制的语言已经教导'我'，这个'我所是'的身体是'我'的身体。'我'能犯下的最大的罪行并不是从'他者'那里夺走'他'的身体；而是从语言创立的'我自己'这里夺走'我'的身体。'我'在拥有一个身体的'我自己'那里获得的东西，很快就在同'他者'的相互关系中被'我'遗失了，而'他者'的身体并不属于'我'。

"拥有一个非己之躯的表征无疑是倒错所特有的。尽管倒错者感受到了异己之躯的他异性，但他仍然感觉他者的身

---

09　皮埃尔·克罗索斯基（Pierre Klossowski，1905 年 8 月 9 日—2001年 8 月 12 日），法国作家、画家、哲学家、翻译家。

体更像自己的身体，而在规范和体制上属于他的身体，则被他经验为真正异己的，即外在于定义他的非贬抑的功能。为了能够设想他的暴力对他人造成的影响，他必须首先占据他者。在另一个人身体的反射中，他确认了这种异己性；他把一种异己力量的入侵体验为内在于'他自己'的。他既内在于又外在于他自己。"

——皮埃尔·克罗索斯基，《萨德我的邻居》

精神是身体的牢狱。它是体制吗？"我"对身体的署名，对身体内部"我"的幽闭——是以这样形式存在的"我"的缩减，或者"身体"的缩减不可避免的理由，因为附着着某种共同意义的体系，我不能成为"我"，我们只存在于事先定好的事态之中。

正如雅克·洛朗[10]在《穿衣的裸体，脱衣的裸体》中所说的那样，衣服有些时候会给我们带来"普遍安定性的最坚固的幻想"。如果打开了太多的可能性，就找不到定点和均衡，漂流在无边际海洋中。要用单一的映像将它包裹，去掉别的可能性，将自己限制在自己之外。衣服就有着这样的力量。它代替羊膜这个"失去的衣服"，保护着脆弱和易碎的"我"。它给予"我"一个真实的围墙，"想象的外缘"（勒穆安 - 吕

---

10　雅克·洛朗（Jacques Laurent，1919 年 1 月 6 日—2000 年 12 月 28 日），法国作家和记者。

西奥尼）。"我"与其说是穿衣服，不如说是把一种印象穿在身上。

这个"想象的外缘"是一个确实的表面，不是由我随意设定，在共同体的意义制度里被侵蚀。换句话说，"我"表面的坚固，来自我们生存的共同性。因为共同性给了我具体的形式。裸露会引起我们的不安和恐惧，因为取下衣服会使穿在身上的表象消失，失去"我"的外缘。

然而，由于语言的不同，像"我"或者"你"这样的人称代词的使用方法也不一样。这个共同的意义制度无法消除"有其他可能"的任意性。因此，这种共有性并不能给予依据这种共同性而编织出来的"我"那种"不是他者"的必然性。"我"在某个偶然中被编织出来，孕育着其他的可能性，所以"我"也永远无法消除这种好像处在噩梦之中的不安。梅洛-庞蒂说：

"规定好的人性是不存在的。一个人如何使用自己的身体，是超越了作为单纯生物学存在的身体这个事实的。愤怒的时候大声呐喊，感受到爱情而亲吻，不是比把桌子称为'桌子'更为自然的事情，但也不比它有着更少的约定。感情的行为，也和语言一样被创造出来。即使是父子的亲情，连看起来已经被刻入人体的感情，其实也是一种制度。"

——《知觉现象学》

**102**

我所隐瞒的事实，就是"我"的存在没有必然根据这件事。它通过汇总我的共同表象，掩盖我通过这种共同交换而成为"我"的过程，将我封闭在"我"这样的自我同一性的梦中，和衣服一起沉浸其中。但是讽刺的是，这件相同的衣服在这里也会招来背叛自己的逆流运动。

# 5 同一性的游戏

## 心流通道

"我"并不是什么都会，但也不是什么都不会；不是什么都能做，也不是什么都做不成。我们在感到什么都能办到时反而会变得不安，感到什么也做不了时会觉得无聊。在这样的情况下顺利地完成了某件事，不久也会对总是相同的自己感到厌倦，变得更加空虚而追求别的可能性。可能性的幅度太大或者太小都会不稳定，我们好像真的不太善于处理这些事情。

对了，帕斯卡说过一件特别有意思的关于赌博的事：

"有个男人，每天都小赌一把，过着无聊的日子。如果你为了让他不去赌博，给他他一天能赚到的钱，这样的话会使他陷入不幸。人们恐怕会说，他追求的是赌博的乐趣，而不是赚钱。那这样说来，你不如就免费让他赌一把吧。可是这样一来，他也不会热衷于赌博了，因为这样的事情多无聊啊。因此，他追求的不仅仅是快乐。没有活力无须热情的快乐会让他感到无聊。他需要沉迷其中。若要以不再赌博为条件给他这些东西的话，给他他也不想要。但如果赌博中赢到了这些东西的话，他却会觉得很幸福。他必须一直陷入在这种自我欺骗中。在这个过程中，我们自己创造了情感的对象。就像是孩子们被自己画的大花脸吓到，自己制造的目的就是引起自己的欲望、愤怒、恐惧。"

——《思想录》

　　人一边依附着共同意义的制度，一边沿着那个轴线映射自己，沉浸在是自己而非他人的"我"这个"同一性的梦"中。这个过程与在赌博上看到的、不能倒退的情绪很相似。

　　为了某个行为倾注自己全部的存在，把注意力集中在一点，然后除此之外什么都看不到，这样的体验谁都有过。有的人赌博，有的人玩游戏，有的人做体育运动，有的人跳迪斯科，有的人搞创作和宗教活动，因人而异。当你完全沉浸在某些东西中的时候，那种全面的自我充足的感觉被称为"心流"（flow）。为了顺利地进入流动状态，我们必须麻痹多方向分散的感觉和情感，或者向着一定的水路强行整流。但是，"心流"这种至高体验，以一定的形式组织经验，其实在我们基本的活动中就蠢蠢欲动了。限制感官信息，试图给经验赋予某种形态的、漫无边际的一系列行动，被米哈里·契克森米哈赖 [01] 命名为"心流"：

---

01　米哈里·契克森米哈赖（Mihaly Csikszentmihalyi，1934 年 9 月 29 日— 　），匈牙利籍美国心理学家。他提出了"心流"的概念：它是当人精神完全集中投入在某种活动时的感受，给人高度的兴奋和充实感。

"他在看一本书，当那本书不能吸引他全部注意力的时候，身体的一部分总是有着这样那样的反应——想扯头发、想咬铅笔、想摇椅子。无聊的时候也一样——幻想、观察人群、毫无意义地写作——给经验某种秩序是必要的。为了不被无序的心压倒，有必要保持一致、模式化的经验形态。"

——《超越无聊与焦虑》

（日文译名为《享乐的社会学》，今林浩明译）

吹口哨、哼歌、抽烟、嚼口香糖、乱摸东西、摩擦身体、合着背景音乐的节奏哗啦哗啦地翻杂志、闲逛、跟别人说话……像这样，我们总在无所事事的时候，也必须给自己的经验某种构造化的胎动，一种陈词滥调是非常必要的。

为了隐瞒"我"依附着某一意义上的共同制度，同时，"我"也只是凭借某个特定的历史制度而已，我们首先要麻醉自己，让自己不记得自身经验的构造化打开了别的可能性的事实。让这种催眠效果在"我"身上发挥作用的正是衣服。

衣服上写着社会意义的作用，在衣服所展示的一系列的可视形象中一边嵌入自己，一边认定自己。但是，用一个印象包裹自己这件事，抹杀了与现在存在不同的自己可能性的秘密声音。为了封锁对这个另外可能性的感受，为了沿着自己和他人之间共有意义轴线上的自己，那个可视性统一的印象，衣服被强烈要求具有一贯结构风格。时尚里，总体风格

**107**

这件事总是被提起的理由恐怕就在这儿吧。

　　将我们的经验构造化，将其存在进行整形的表象技术，与语言一起形成最重要的装置之一的，是衣服。一旦被卷入这个装置之中，与他人一起共谋，共同编织共同意义，其纹理就是我们的神经组织。我们煽动、抚慰、引导，有时候也抑制每个人的感受、感情和行动。只要我们被别人认可为某种类型，我们就不能成为"我"，在这个意义上来说，我们在共同性中被完全包围。

### 同一性的纠纷

　　像这样将我类型化固定的装置，同时也是煽动我、动摇我，让我意想不到的变身装置，将我封闭在"同一性的梦"中的装置。反过来，它也教给我们"另一种梦"，教给我们如何成为另一个自己的方法，像索尼亚·里基尔所说的，成为"双重"自己的方法。

　　隐藏这个衣服构成上的手法，根据我们社会共有的一个故事，或者意义上的神话作用被行使。不过，它一边遵从隐藏应该隐藏的东西这样的规则，一边又为隐藏着的东西，为其作不在场证明，有时候也把人们引入比隐藏的东西更加危险的次元中去。

一边隐藏，一边展示，是时尚的惯用手段。解开胸前扣子的衬衫、贴身的衬衫、露出乳头形状的薄毛衣、深筒裙、紧贴身材的迷你裙、展现曲线的针织连衣裙……这些反而明确地表现了贞淑的焦点应该在哪儿，激起人们心中对应该被隐藏东西的极度关心。其实这种让人联想到肉体的挑衅手段，并没有想象中的那么危险。

我几年前读过一本小说，具体的故事和标题我都忘了，但是它讲述了一对"直到结婚为止都无法跨越最后一条线"的奇妙恋人的故事。故事中有他们不脱内衣的性爱场景，比色情小说中的性描写更生动。女主角认为，只要穿上内衣，遮住身体的秘密，所有的猥亵行为就可以被允许。她的这种天真让人心潮澎湃。丰富的想象力和欲望混杂在一起，一下子就反转了规则，一边遵守它，一边又完全玩弄了它，诡计多端。这就是被福克斯称作"无花果叶子的道德"的19世纪欧洲资产阶级社会的处世之道。

"虽然通过那道门，罪恶可以随心所欲地进来，但是门上还是被涂上了道德的油漆。他们每一个人都紧紧追随道德的脚步。但是这样还不够，他们会把自己偷偷摸摸的享受全部说出来，然后故意责备，于是这种想法越发强烈。不顾事实本身，不让世间见证事实的'无花果叶子的道德'，成了资产阶级社会制度坚决的道德规范。"

——爱德华·福克斯，《欧洲风俗史》

这就是所谓的"遵守表面的礼节","要做的话就偷偷去做"。"双重自己"与这样的秩序表里不符，存在在这种狡猾智慧的对立面。这种狡猾的智慧，一边侵犯着秩序，一边又从背面把秩序加固。它巧妙地掠夺适度的快乐，使意义上的制度更加狭隘和坚固，所以狡猾。

把我关在可视形象中的隐蔽手法，让我的存在分散成多个，有时步步紧逼直到我崩溃。它的目标并不是肉体，而是"我"这个人称性的存在。在给肉体制定标准的时候，隐藏的手法早就站在秩序的那边。这个手法在玩弄我的"自我"同一性的时候，就已经进入到解体自己规则的运动之中。

如果在他人的目光中不表现出自己可视的存在，我们就无法面对他人。譬如，打恶作剧般的电话或在教堂的忏悔室，人们因为能事先隐去自己是谁，所以才能流畅地说出平常说不出口的事情。

戴上口罩的时候，是衣服的隐蔽性以最极端的形式发动的时候。口罩把衣服的社会类型化作用一口气推向极致，将"我"的存在匿名化。通过把我限定成"我"的可视性形象，通过把我转换到一个没有任何歧义的表面，我一下子被转移到了另一个频道。面向共同体的"我"的归属暂时被悬空，"我"的存在从与别人共有的"同一性的梦"中脱落，不再需要遵从共同意义的轴线。这样一来，我和世界的关系发生改变，一直以来所在意的事情一下子变得无趣，一直以来看不到的东西，反而变得鲜艳起来。

只要把"秘部"好好隐藏，或者反过来把脸遮住，就什么都能做。像神秘的面具派对，在众人面前，只要不摘下面具，所有的服装都可以被除去。（有一种厕所没有门，却给人们提供面具。）只要承认这个秩序，然后再愚弄它，就可以让它消失。

从禁止和被禁止两端出发的向量，在没有束缚的情况下，无论到什么地方都互相加强。在这个不安定的螺旋运动中，就是色情存在的地方。如果说性器官是"秘部"，那么没有拍到脸的裸体照片为什么一点也不色情呢？因为在那里缺少一个反方向的向量，一个对象，因为引发情欲的总是"某个人"的"秘部"。

但是把"我"匿名化这件事是非常危险的。面具的毫无表情化成映射出所有可能性的镜子，"我"和所有的可能性之间不再拥有隔阂，也就无法再控制自己和别的"我"之间的转换。在那个时刻，我们感觉崩溃，像被自己，被世界，被一切秩序抛弃。我们感到恍惚，感到晕眩，"我"和自己同一性的存在从根本上被颠覆。"变成什么样都可以"这样过剩的可能性，转化成"什么都成为不了"这样空虚的不可能性。

**111**

### 从隐蔽到伪装，从伪装到转换

通常时尚给我们这样的感觉：通过换上不同的衣服，满足我们想成为另外的自己，对"他者性"追逐的渴望。衣服一点点地满足这个渴望，给"我"带来小小的转换，一丁点儿的异域风情——"改变这个细节你就可以成为不一样的女人""严厉的女人是你，温柔的女人也是你""你是一个女人的同时，还可以成为另一个女人。和设计师一起发现你的双重生活吧"。（罗兰·巴特，《流行体系》）

"衣服的游戏已经不再是存在的赌注，也不是充满悲剧的世界的苦恼了。游戏是布满单纯符号的键盘，是绝对不会改变的人物为了享受那一天的乐趣而选择的一个符号。这是为了能让自己更加富足，不怕失去自我而安心的最后的奢侈。如你所见的时尚，和'我是谁'这一人类意识最重要的主题'玩'在一起。"

——罗兰·巴特，《流行体系》

当然，在常识里服装被认为只是表面上装饰性的、类似于首饰的东西，不能像在文字那里感受到所说的"游玩"。时尚的"浅薄"，掩盖"我"根源上的脆弱和易碎，是易变的可视性表面上的一种"用心"。正如尼采曾经说过，"深度"也是表面性的。

"我们不再相信，当真理被揭去了面纱，它依然是真理；要相信这，我们是活得够久了。如今适宜于我们的事情是，不赤裸地看一切，不贴近一切，不试图理解和'明白'一切。'亲爱的上帝真的无所不在吗？'一个小女孩问她的母亲，'可是我觉得这是不规矩的。'——对哲学家的一个暗示！人应当尊重那羞怯，自然以这羞怯自匿于谜和光怪陆离的未知数之后。也许真理是一位女子，有理由不让人看见她的'底里'？也许用希腊语来说，她的名字就叫Baubo？……这些希腊人呵！他们懂得怎样生活：为此必须勇敢地停留在表面、皱褶、皮肤上，崇拜外观，相信形式、音调、文辞和整个奥林匹斯外观领域！这些希腊人是肤浅的——出于深刻！"

——尼采，《欢悦的智慧》

　　罗兰·巴特也说过，"过度的认真和过度的浅薄并存是时尚修辞的基础"。或者可以说，衣服有着其穿脱可能的随意性，通过自然，其实是根据历史而作出的。人们所熟悉的理所当然之物，其实是被构成的。不仅仅只待在"同一性梦想"的边缘，它总是被吸入别的"同一性梦想"之中。共同的东西作为意义的轴线总是束缚着我们，领口的大小或裙子长度的细微变化让我们疯狂也正是如此。

　　不断地伪装，无尽地转移。然而，伪装不终止于伪装，它将我们的存在一点点地错开和变换。如果换一件衣服，我们对世界的触觉，空气的味道也改变了。我在向别的东西转化的时候，我变成了"我"。这么说来，"我"的生成是不可逆转的过程。

　　这样的我们，如同加斯东·巴什拉所说的一样，能做到这件事：

　　"隐藏的现象学，必须追溯到想成为与现在存在不同存在的意志根源。隐藏存在的现象学，是打算达到完整面具安全圈的存在现象学。各种部分的，未完成的，易变的，不断在各种各样的细微差异中慢慢确定。"

——《梦想的权利》

# III
# 变形的规则

# 1 拗口的可视性

## 被加工的身体

我们相当地不喜欢自己与生俱来的身体，还是说，我们对顺其自然这件事情感到十分不安，不仅总是用布遮住自己身体的一部分，对裸露出来的其他部分也是心存芥蒂。我们似乎必须进行某些加工、改变、装饰。改装表面，可视性也全面地被转换。为此，从古至今的人们想出很多的手法和技巧，比现代最古怪的想象力和激进的时尚还要偏执。接下来我想试图按照身体部位来分类，列举一下作为时尚而固定下来的一些技巧：

对头发——
·拔掉、刮剃、捆扎、束紧、编织、卷曲、接发、固定、（用胶等）立起来，或者是反过来，绝对不剪。
·涂油、染发、漂白。
·撒上发粉，加以装饰。
·用人工替代品来补充、交换。（假发、假眉毛、睫毛膏、假睫毛）

对平坦的表面——
·摩擦、揉皱。

・在脸上涂上白粉或者颜料，用蓝色强调静脉，在皮肤上彩绘。（或是有文身、花纹的丝袜）

・在脸上涂上高光或眼影。（若是禁止化妆，即使拧住脸颊或咬住嘴唇也要显出那一抹红色）贴上 V 字形、半圆形、菱形、星星、蝴蝶、鸽子、树、马车、丘比特的形状。戴上网状面罩。

・涂香水。

・文身、身体浮雕、植入假体。


对身体的凸起部位——

・整形头盖骨。

・打耳洞，戴耳钉、耳环（莎士比亚其实也戴耳环）、耳链，剪掉耳垂。

・在鼻子中间或鼻翼上穿鼻环。

・留指甲、涂指甲油。

・切断小指指尖。

・戴手套。

・戴戒指、手镯、臂环。

・戴项链。

・戴胸罩让胸部有型。

・穿乳环、给乳头上色。

・假阳具。（阴茎前的布袋——16 世纪的欧洲，男人塞东西让这个颜色鲜艳的布袋膨胀，用缎带和宝石装饰，但有时候也用来放东西。）

· 挤压臀部上的肉，让它更加挺拔。

· 塑造下半身异常膨胀的轮廓。（裙撑）

· 透明的长筒袜。（最近也能看到带有微香的丝袜，以前带香味的手套也流行过。）

· 扭曲脚部。

· 抬起脚跟，（高跟鞋）抬起整个脚。（木屐）

· 把手掌和脚掌染成红色。

对身体的开口部位——

· 五颜六色的眼妆和唇妆。

· 把牙齿涂成红色或黑色。

· 拔牙。

· 把牙齿削尖，在门牙上开个洞镶上宝石。

· 在舌头和嘴唇上刺青。

· 割礼。（或切除包皮。）

涂装、粘贴、切割、扭曲、印刻、嵌入、紧缩、拉伸、膨胀、凹陷，我们的身体就像是雕塑用的材料一样，被磨碎、弯曲、加工、变形。不仅是外在，有时候内脏的位置也会改变。（紧身胸衣）在现代，在美容整形的名义之下，从眼皮和嘴唇内部去掉肉，反过来在鼻子、下巴、乳房内部插入异物。虽然我还没有听说过眼球美容，但是有色隐形眼镜实在是太普及

了。阿诺德·范·根纳普 [01] 说过:

"人的身体随着不同的喜好被切割,突出的东西被切下,隔断被打开,平坦的表面被挖空。"

——《通过仪礼》

从可视性的、变换的观点来看,对身体加工的沉迷到底是怎么一回事呢?

**异样的表面**

冬日的某一天,一个年轻的女子架起画板,描绘动物园笼中的一头黑豹。在寒风飞舞中,她的背后有一道静静注视的目光。

"是啊,她一直封闭着自己呢。她发现了自己的世界。她交叉着腿,穿着黑色的鞋子,高跟有点粗。鞋尖开口,露出涂着黑色美甲的指甲。有光泽的丝袜紧贴着皮肤,到底是

---

01　阿诺德·范·根纳普(Arnold van Gennep,1873 年 4 月 23 日—1957 年 5 月 7 日),著名人类学家、民俗学家。他在《通过仪礼》(*Les Rites de passage*)的书中首先提出了"分离—边缘—聚合"的"通过仪礼"。通过仪礼,又称人生仪礼。人在一生经历的几个生活阶段中,其社会属性随之确立,在进入各个阶段时,会有一些特定仪礼作为标志,以获得社会的承认和评价。

粉红色的皮肤还是丝袜让人无法区别。

"她戴着手套，为了继续画画，把右手的取了下来。她留着长指甲，涂着黑色的指甲油，明明是纯白的手指，却因为寒冷冻成了紫色。她停下画，为了暖和她的手，伸进了大衣里。黑色的大衣厚厚的，有着很大的垫肩。

"她用手整理了一下被风吹得有点乱的头发，把卷曲的刘海撩起来。她留着流行的齐肩短发，应该是出门前卷过，或者说她烫了头发。"

——曼努埃尔·普伊格 [02]，《蜘蛛女之吻》

视线被遮挡的地方，是腿、手指、肩膀、头发，是身体的边缘和末端。每个部位都呈现着非天然的另外的表情。所以说，化妆并不是延长或放大身体的自然属性，而是将它们不连续地转化成另外不同的属性。

从这一点看来，"她"的手套、指甲油、美甲等这些具有特征性的东西，首先不管在质感上还是在色彩上，都与相邻的皮肤表面形成了显著的对比。皮革粗糙干燥的表面，耀眼丝滑的美甲，红与黑，金属的白，花哨的银色，在身体形状

---

02　曼努埃尔·普伊格（Manuel Puig，1932 年 12 月 28 日—1990 年 7月 22 日），阿根廷小说家。

的连续变化中，记入了一个明确的对立关系。表现方式的差异，成为将身体一分为二的分割线。身体装饰成为意义生成的媒体。不是因为这个差异的表面本身，而是因为这个对立关系，才能产生意义作用。也因为这个对立关系，让对立的双方拥有了本身所没有的意义。

首先，引人入胜的时尚总是表面上很杂乱，设计师的视线集中在了我们可视性表面如何配置的对立关系上：分割脸部和身体的领口，分割上身与下身的腰带，袖子和下摆等衣服末端的位置设定，起伏的创造，色彩的配置，同时作为整体的服装应该把重点放在哪里。（"束缚"和"隐藏"是我们迄今为止考察了的时尚构成上的手法，也承担了分割和切断的意义。）

然后，再把视线转到细节上：比如长筒皮靴的上端，吊带袜的位置，丝袜的光泽，耳环和项链的材质，以及现在流行的裸肌，这些都是在与其他项目的对比关系中决定的。轮廓清晰的眉毛、嘴唇、锐利的眼线、塑造立体感的阴影，或是男性的胡须边缘，这些化妆品和其各种各样的使用技巧，在脸部制造分割线，从而产生复合的对立关系，衬出重点。这些分割线有时候也会引发全新的意义作用，让它增殖，可视性的表面时而可疑，时而喧嚣。

上妆后冷峻的表情，搭配着金属或矿石材质的耳坠和项链放射出的冷光；裙子与包裹大腿的丝袜之间的界线（两者如果在材质上形成对比则更好），精心装饰的指甲，宽大的腰带制造出的裙子轮廓和领子周围的锐角线条，像具有磁性般吸引着人们的目光。

但是，可视性的分割有时也会进一步分割和切断被分割的东西。

**我变成不是我的地方**

在我们的身体上有一些地方，明明已经看惯了，但是一动不动地凝视着它们，会觉得总是有什么地方有些奇怪。比如说腿、头发、生殖器，这些地方平常我们很少看见，或者完全看不见，在这些地方，"我"好像太少了。

腿、头发和生殖器都在"我"的边缘，或者说被吸入了"我"的对立面中的危险的边界中。它在视野之外，与目光所及的"我"之间多少有些距离。因为自动性和偶然性，"我"必须要对自己的身体进行某些设计和限制。比如乳房、臀部、男性生殖器和头发如果不被固定的话，就只能沦为重力的玩物。正如奥利维耶·布热朗[03]所说，尤其是头发，在可视性上的是自然规定最少的身体部位。男性器官有时候还

---

03　奥利维耶·布热朗（Olivier Burgelin），法国作家、艺术学家。

间歇地表明与"我"不同的意志。但腿的运动缺乏脸部和手部的分段性和所承载的细微的意义。在这一点上，"我"的存在很稀薄。

这些身体部位，虽然毫无疑问地塑造着"我"，但有时也会变得不像我。"我"因为这样，只能和身体形成极其暧昧的不确定关系，"我"暂且调整身体的外表，想要控制身体。特别是，"我"把过少的部分，或者是身体末端的部分固定，创造一个清楚的框架：整理头发，涂指甲油，合身的丝袜，拘束的高跟鞋。

当"我"无法明确地感觉到自己的时候，我们为了强化自己的外缘，首先着手身体的检索工作，特别集中在"我"和"不是我"的边界。在与他人的关系中，自我认知变得不稳定，不能支撑"我"的存在的时候，人们为了得到正确的信息，会把局部映在镜子里，把异物塞进肛门里，甚至在路上遇到不认识的人，炫耀自己的下体。（西摩尔·费舍尔，《身体的意识》）

同时，因为"我"的过少而形成意义不足的焦虑，我们会过度填充其中的意义。这个时候，在其他身体部位发生的意义关系也会滑入那里。这样，"我"不再是"我"的地方充满了意义，膨胀起来，演出一个可视性的分割线，身体的切断线。也是因为这样，被切断的腿部以及用来包裹的丝袜和鞋子，或者头发，经常成为恋物癖的对象。

　　"'冲着两条漂亮的腿，我不需要女人的心。女人有个性，光是这一点就让我阳痿'。这个患者，实际上大胆地坦白了那个与'你'完全不同的孤立性生活的态度。从这样的态度来看，他已经是恋物主义者中的一员。他将身体分离得如此严重，给予身体（这种情况是腿）过度的价值，过度优待的态度，满是恋物癖的契机。在这里，从身体剥夺意义的事情就成为性的体验（他因为喜欢腿而'不需要心'）。"

——维克多·埃米尔·冯·葛布萨特尔 [04]，<br>《恋物癖的现象学》

　　他们别扭、空转、单方面切断与无法控制的他人之间的不安定关系。与非现实生活中的他人——身体的一部分，构成的私密关系，甚至与作为身体延长的首饰等虚幻的他者之间所构成的私密而封闭的关系，让他们沉沦于其中。这些错综复杂的意义像淤泥中的藻类一样缠绕在他们身体上。而为了从这种缠绕中挣脱出来，他们将自己沉浸在与自己分离的、他者的身体部位联系的物品或材料带来的触感中。葛布萨特尔试图从身体和意义之间的连接关系的破裂或不协调

---

04　维克多·埃米尔·冯·葛布萨特尔（Viktor Emil von Gebsattel，1883 年 2 月 4 日—1976 年 3 月 22 日），奥地利医学家、精神治疗师，在西方精神病学与精神病治疗领域作出了重要贡献。

这一视点来捕捉恋物癖的特质。恋物癖通常被认为总是和性爱有关，但是性器官，作为其代理的头发、腿、内衣、鞋、丝袜、毛皮、手帕等，就没这么简单了。把性局限于性器官这个身体部分这一点，本身就已经足够恋物癖了。而掩盖身体一部分这样的衣服构成法，总是被这样的恋物癖所限制。但是，如果说这种"关系"被固定在"物"上，"我"确实是在和他人的关系中不可或缺的存在，那么不仅仅是头发、腿、内衣和鞋子，以至生殖器本身，甚至再进一步说，我们来认识他人而依据的他的脸，以及他人认识"我"而依据的"我"的脸，都是恋物的存在。

"我"这个恋物的装置，介入和干涉自己的可视性存在，被我们称为时尚，一边巧妙地运用恋物癖这样"转换"的方法，一边把我们引入到各种各样的古怪的梦中。

"根据汉斯·贝尔默[05]的人偶哲学，女性身体的各个部分是可以转换的。为了探索新的性感带，把脸和手脚用别的秩序重新排列组合。贝尔默从一个肉体，引出无限复杂的存在可能性。"

——涩泽龙彦，《少女集序说》

---

05　汉斯·贝尔默（Hans Bellmer，1902 年 3 月 13 日—1975 年 2 月 23 日），德国艺术家、摄影师，代表作是他制作的人偶和以人偶为主题创作的摄影作品。

## 2 身体的模拟

### 向着另外的自然

无论是化妆的方法，还是服装构成的方法，时尚通常都是由某种"偏差"构成的。就时尚这一现象本身而言，它的产生就是为了脱离自然或者是一贯的位移，与现有的风格一定要有一定的间隔或者偏差。在这样的双重转换中，有一些严格的规则，我们首先看看脱离自然，转变自然这一点。

化妆和服装，标志着我们可视的存在。它们强调、隐藏、加工、变形可视性的一部分，对我们的自然进行否定性的干预。通过"整形"这个工作，它又试图将我们的自然转向另一个秩序。

"整形"这个工作通常需要某种限制。它一定有一个极大值和极小值，在这两个被自然规定了的临界点之间进行。譬如关于衣服的形状和尺寸，虽然无法做到准确地描绘身体表面，但也做不到完全忽略身体的形状。非常合身的衣服也好，完全看不到身体轮廓痕迹的衣服也好（球形、立方体的衣服），都同样地让人感到不自然。这种时尚试图把我们的可视性存在转换成完全不同的身体，不同的自然。所以构成服装的技巧，在自然（身体）快要消失的地方加强，在完成的时候退却。同样的运动在身体的各个部位重复展开。

下面这段话来自列奥纳多·达·芬奇《乌尔比诺手稿》：

"到了下一个时代，袖子也同时变大，最后变得比衣服本身还大。然后，领口也越变越高，高到把头都藏了起来。再之后开始流行露出脖子，这样一来，衣服没有办法被挂在肩上，因为衣服没有办法到达肩膀。"

"之后，长下摆流行。为了不踩到衣服，人们常常需要把它搭到双臂上。甚至会达到把衣服只穿至侧腹部和胳膊高度的地步。人们为此非常辛苦，但不得不忍受这个痛苦。几乎所有人都将衣服下部撕裂。脚部也非常痛苦，脚趾叠合在一起，长满了茧子。"

——罗西塔·李维，《意大利服装史》

同样，化妆虽然不是素颜的再现，但也并不能打乱面部的结构，完全掩盖面部表情。时尚必须远离天性，但又不能忘却天性。膨胀或收缩，收紧或放松，强调或弱化……动摇、模糊天性，这就是时尚的企图。从时间层面上来说也一样。上衣的褶皱、裙子、领带、长发的飘动，那些魅惑存在于和上身、脚和头的运动的微弱时间差当中。就像女性在舞会和派对等场合想要打扮得漂漂亮亮的，想要展现自己身体曲线的时候，喜欢穿上丝质的袍子，制造出仿佛山谷回响一般的效果。不是消除自然，而是人工地将自然推向另一个自然，

**128**

这才是问题。

夏尔·皮埃尔·波德莱尔 [01] 说：

"女人有着各种让自己出类拔萃的手段。被哲学家们津津乐道的，且斥为愚蠢的使用脂粉这一行为，把狼藉的脸上自然散落的污点全部消除，在皮肤的肌理和颜色中创造一个抽象的统一，作为目的和结果。这种统一，和紧身衣的统一一样，让人类瞬间接近雕像，变成神圣而接近更上一层的存在。"

——《现代生活的画家》

让·波德里亚 [02] 这样评价化妆：

"化妆也是一种把脸废弃的方法，用更美丽的眼睛代替原来的眼睛，用更显眼的嘴唇抹掉以前的嘴唇。"

——《论诱惑》

在这里波德莱尔所说的"突出自然"和波德里亚的"丢

---

01　夏尔·皮埃尔·波德莱尔 (Charles Pierre Baudelaire, 1821 年 4 月 9 日—1867 年 8 月 31 日)，法国诗人，象征派诗歌的先驱，散文诗的鼻祖。
02　让·波德里亚 (Jean Baudrillard, 1929 年 7 月 29 日—2007 年 3 月 6 日)，法国社会学家、哲学家。

弃"并不是字面的意思。正如"妆容自然"这种矛盾的表现方式一样，或者对于爱美的人来说，要追求那种刻意的"不修边幅"，这里确实存在着脱离自然的问题。但是那并不意味着抹去自然，而是拉拢自然，人为地变换自然。波德里亚说，身体组织的问题，就是一个模拟的问题。

## "我"的整形

用波德里亚的说法，身体组织的模拟，就是"用没有的东西让有的东西变得更美"。身体总是在做梦，通过这种时尚的装置，我们会更多或更少地体会到"我"的魅力。身体的模拟和"我"的整形紧密相连。

我们有时想凸显自己，更想让自己被看见，但也有时候特别想隐藏自己，不想引人注目。有时候我们会想要变得更像自己，有时候却想完全忘记自己，全部重来。当和世界的关系变得生硬的时候，我们就会变成和现在自己不同的存在。因为在改变与其他关系的时候，改变自己是最快的。这时，衣服就成了"我"的战斗服。

"面具实现了我们变成多重身份的权利。它是我们的分身，我们却不知道要如何赋予其实际存在的权利。但是我们存在的影子，不在我们的背后，而是投向前方，这个可能的分身打开了通往存在的路。面具在这个时候，说不定就是那样存在的具体表现。"

——加斯东·巴什拉,《梦想的权利》

　　戴上面具,或是化不同的妆,穿不同的衣服,我们都将自己拉到另一个"我"的身上,这是极其危险的行为。换上服装,我们的心情会改变。如果心情改变,我们与人的交往方式也会出现变化,改变对别人的看法,这样我能成为别的"我"。但是这种形式下"我"的变换,难道不是"我"逐渐丧失重力的过程,不是"我"消失的过程吗?

　　衣服的变换带来可视性的变换,并以其为杠杆,谋求"我"的变换。这个变换在可视性的"叛变"下按照一定的共同的代码编织出隐藏的意义,也把"我"的存在完全包覆。即使我确实能成为另一个我,但我的这种转变本身就是"我"和其他"我"一起被模拟的共同框架,只能以模拟的形式实现。通过可视性的变换,我们会偏离那个位置,同时也把自己的定位委托给这个共同的框架。此时的"我"的变换,仅仅是某种定型的反复而已。"我"的变换根据共通的编码被全面的限制。"我"的身体(可视性的存在)被实施一些"符号的外科手术"。在那些符号的丛林中,"我"发生改变,很难再跟别的东西有所区别,只留下属性,"我"反而消散了。

　　这个过程虽然讽刺,同不引人注目的方法一样,就是用制服裹住身体的结果一样。穿上制服的时候,或是属性的表

31

面化（男人味、女人味、学生气等），"我"就被剥夺。刚刚讲过，所有衣服都具有可能成为制服的特征。那么，我们会注意到，人们对于流行妆容这种"个性的"外观的强烈执着，以及对与之对立的、散发着"性感"味道的制服的执着，实质上归属于同一问题。那身体的模拟与"我"的整形到底应该是一个什么样的关系才好呢？

**穿过我身体的裂缝**

尼采曾这样写道："每个人对自己来说都是最遥远的。"当我们开始思考自己与身体到底是什么关系的时候，通常马上就被谜团包围。

比如，我们一边凝视自己的脚，一边问自己这是不是我的脚。我想谁都会说是吧。那我们换个方式问，这只脚是我吗？稍稍踌躇一会儿，我们应该会说不吧。如果回答了是，那么从这里看，脚应该是我的。而脚存在的地方，就是我存在的地方，也就是说我同时存在于不同的地方。但是，我不能同时存在于不同的地方，所以我不是身体。实际上，如果有人指着我的脚尖说那是我，我估计也是被吓得惊慌失措。

那么，"我的身体"中的"的"，是否会让人马上想到这个所有权关系呢？

但是这个想法也不完全成立。如果说"我有脚"成立的话，这和"我有钱"一样，是可以转让和交换的。即使失去了脚，我还是我。在交通事故中失去了脚和胳膊，我也不会因此就失去了。那么如果整个下半身都不在了呢？虽然不幸，但我还是继续在做我啊。其实无论是在医疗上还是在美容上，把身体的一部分切除，在那里接上其他的物体，这个工作时刻都在进行。如果不断地重复这个工作，最终把自己的身体全部都替换成别的东西，那么我还能断言我是我吗？拥有完全不同皮肤的我，有着完全不同面孔的我……这个时候，说我成为另一个我（我不是原来的我）不是更自然吗？这样的话，我还是不能将自己的身体作为能够交换的东西来拥有的。所以"我有身体"这个最初命题必须被否定。我既不是身体，我也不拥有身体，那对我来说，身体究竟是什么？这时我们应该重新认识到，对于这个问题其实没有一个确切的答案。

当然，以上这些完全是抽象的议论。本来，"我"的位置是不受空间性影响的。取出意识被称呼的那个"我"，即使失去一只脚，又或者什么都没有失去，准确地说来，都和昨天的我不一样。然而如此抽象的议论为何让人看起来如此真实呢？理由之一是，"我"与身体的可视性不是统一的，就像表面的"背后"什么都没有一样，自己就隐藏在一个看得见、摸得着的身体之后。"我"之中的某个裂缝，某个隔阂，似乎从一开始就让身体上存在的充实得到了绽放。

"对于我们拥有的唯一财产（会有人经常说'我所拥有的只有这个皮肤而已'），我们真的是苦于打理。'拥有'和'有'也是完全不同的。长着天使皮肤的日本狼、长着鳄鱼皮的狗、黑色皮肤的白人、女人皮肤的男人。这种皮肤在现实中不会有。但这个规则并没有例外，因为我和我所拥有的东西并不一致。"

——勒穆安‐吕西奥尼，《衣服》

我们为什么总是在整形、加工、变形自己的可视化存在呢？为什么不能满足于现有的自己呢？那是因为，真实的自己这件事本身就不可能存在。贯穿我的这个裂缝，或者填入那里的空白，就是时尚变换的另一个规则吧。

# 3 "我"的脆弱

## 脆弱的可视性

视频中的"我"，相片中的"我"，磁带中的"我"，当我的肉体存在从我自身中被剥离出来，像标本一样在自己的外部被固定，并且在意想不到的时候和自己直面，我们的心便开始激动起来。在混乱中，我们马上涌现的是强烈的否定情绪。不知为什么，我们的意识陷入一种僵直状态，视线无法移开。即使癔症过去之后，有时候想起来还是会从抽屉里把它们取出，偷偷地听着看着。所以我们在意的到底是什么？

被别人长时间盯着看的时候，我们好像被射穿了一样，也会陷入轻微的痉挛状态，十分难受。尽管如此，我们每天还是在镜子里从前面、侧面到后面，把自己看个好几遍。在那个时候，我们好像做了不该做的事情，令人害羞的事情一样，那种内疚悄悄地闪过"我"的身边。我们又是为什么这么不安呢？

对自己可视性存在的这种不安，有时候会引起一种连带效果，升级成为集体性的神经质。比如说学校里的服装规定。在"得体的外表"这一规范之下，我们对自己的可视

135

性进行了严格的管制：刘海不可以长过眉毛；头发如果长到可以扎起来，就必须扎起来或者辫起来，同时必须使用黑色的皮筋；禁止漂发、染发、烫发（自然卷的话要用水来证明）。对于男生来说更加奇怪，有着"寸头很好，但是不能短于三毫米"的奇妙规定。内衣要穿得整整齐齐，不能露出痕迹。短袜的颜色是白色，折回的宽度必须为××厘米，等等。如果因为生病这类情况无论如何也无法穿制服的时候，必须要提交"异装申请书"。

这是和苏格拉底对抗的梅农的理论：我们无法探求我们不明白的东西。原本我们就不知道探求的究竟是什么，就算是幸运地找到了它，也不可能知道它就是我们要找的东西。即便是如此，我们也必须继续进行各种与之相关的活动。"既不能确定，也不能完全无知"（帕斯卡），只能设法去解释它，从自己根源接受它。这就是"我"的可视性的物理存在。

关于自己的身体可视性的数据非常少，我们只能在黑暗中探寻与自己身体相关的东西。我的可视性，这个"我"，在自己看不见的情况下，总是从别人口中得知。就好像蒙着眼睛暴露自己的裸体在人前。可视性的存在如此地散乱，我们多么想把它笼络到自己的管辖之下，填补可视性的空隙，总是梦想把自己包进完全封闭的膜里，想为自己砌一堵围墙，干涉自己的可视性。

**136**

梅洛-庞蒂对"看见的东西"和"看得见的东西"互相转换的这一点有着如下叙述：

　　"我是'看见和看得见'的。因为'感觉的回归性'，所以镜子出现了，然后镜子再重新翻译这个回归性，并加倍。通过这面镜子，我的外表就完成了。不管我拥有的东西多么私密，都会全部进入这个面貌之中，被这个平板封闭。在保罗·谢尔德[01]的研究中，如果人站在镜前抽烟斗，不仅自己的手指能够感受到烟斗光滑温热的表面，离开肉体的手指，也就是镜子里的手指，只要能看见也能感受到。也就是说，镜子中的幻影把我的肉体拉出我之外，与此同时，我的身体这个完全看不见的东西，把我附着在了另一个能看见的身体之上。从此之后，我的身体好像真的在那里一样。从此我也更能把握他人身体的线条。人类就是人类的镜子。"

　　　　　　　　——《眼睛与精神》（国内也译作《眼与心》）

　　在看见的和看得见的东西可逆性的变换中，看不见的身体，附着在另一个身体上。我的存在凝聚在可视性的表面，因为身体是我的第一件衣服。

　　但是，这里说的衣服（能看见的身体），并不是"我"的

---

01　保罗·谢尔德（Paul Schilder，1886 年 2 月 15 日—1940 年 12 月 7 日），奥地利精神病学家、精神分析学家。

外皮。衣服所包裹的，具有一定密度内部的"我"并不存在。"看见的东西"和"看得见的东西"不断交替，即使我在其中成了"我"，我也不会将它们之间的裂缝缝合。在我的可视性存在里贯穿的这个裂缝是不会封闭的。可视性作为"我"存在的媒介，互相操作与嬉戏，有时和"我"一致，有时反之，没完没了。

我们的可视存在从根本上来说是脆弱的。那个脆弱使得"我"不可能感知内部的密度。为了填补这样的空虚，我们找来了衣服这个另外可感的物质存在。"我"想用衣服来增强脆弱的一面，却无法完全达到效果，所以我们就要不断换衣服。

**存在的分离**

我的可视性存在总是溢出"我"以外，"我"怎么打算把它收回怎么挣扎都是徒劳。"我"总是被炸裂，或是被引渡到外部，无论什么时候都追不上自己，是一个总是迟到的存在。"我"的存在四处散开，无法构成封闭的内在领域。

在可视性内部产生的无法封闭的裂缝，无法填补的距离，使"我"变得脆弱。"我"在时间上的生成也是这样。"我"的现在在一瞬间变成不是现在的东西（刚才），不断地隔断自己。另外，还不是现在的东西也不断涌入到现在之中，从

**138**

未停止。然后现在不断地把自己差异化、复数化，最终陷入忘却的深渊。现在就是总是处于自己的外部的、不断到来和消失的运动。

为了在这样的情况下能够成为"我"，我们必须将自己作为同一个东西来不断地接受。我们必须认定看起来与自己有差异的东西其实是自己的重复。也就是说，我们要把现在和不是现在的东西看作一个东西，不断地为它们架桥。

为了抗拒不断地流失、扩散、消失这样在自然时间流逝中的埋没，我们走出现在，贯穿无数个现在，用同样意义的线把它们串起来。"我"的同一性（与对象世界的同一性一起），在超越自然的这种运动方式中成为可能。正是这种运动导入了使我们可视性发生转换的服装和化妆，它是使意义生成的物质媒体。

为什么呢？因为如果我们没有持续给予自己形态的话，"我"就会随着时间的流逝被一笔勾销。就好像摇动盒子试图猜测盒子里装的是什么一样，我们只能摇动共同意义的框架来知道自己是什么。有可能被消灭的存在，就对意义特别渴望。

## 将"我"形象化的手法

通过摇动意义框架来确认自己的方法有很多。

我们是他人当中的一个"我"。莱恩说："通过将自己行动有意义的地方告诉他人，也就是通过了解自己的行为对他人产生的效果，从而明白自己是什么样的人。"（《自我与他人》）根据莱恩的说法，作为他人的他人，就是"我"存在的构成。为此，"我"也必须在别的"我"的世界中拥有一个确定的场所。为了使我和他人能在相互之间有一个具有某种意义的场所，我必须深处与他人共同意义的框架之中。

一边仿照意义的共同框架，一边又稍稍偏离它，一边检查别人的反应，然后根据这些微微调整"我"，这就是找寻自己的正常方法。（参照第 2 章第 4 节）所以我们会选择像制服或者"×× 风"衣服这样的意义共同体。或是为引人注目而叛离这一点，转向最新的时尚。

当我们无法成为对他人有意义的存在时，换句话说就是无法成为他人的他人时，"我们在别人的世界中妄想地创造有意义的地方"（莱恩），陷入绝望：被害妄想、夸大妄想、过分的嫉妒。在这个"私人宇宙"之中，意义和秩序在自己的内心中编织，暧昧的言行都不被认可，违反规则就会导致世界的崩溃。为了不使自己和他人的交集让世界陷入混乱，我们会舍弃供他人侵入的余地，反过来把自己变为零。对应这样的态度我们会有这样的行为：对自己的外表极端神经质；对于时间地点场合严格遵守；或是完全无视一切，一直穿同样的衣服；穿着异常显眼的服装；化着夸张的妆容；穿戴过多的首饰；或者只穿制服，把自己藏起来。

有意思的是：如果通过单方面阻断自己和他人的连接关系，以及保持自己风格的一惯性就可以弥补自身的脆弱的话，那么，通过可视性的形式化，"为打造自我的完美轮廓而倾注全力"（塞利埃尔）的丹蒂——与其说是自信不如说仅仅是"做出自信的样子"——其行为的本质上虽然与此不同，但从形式上来说也是这样定位的。

"就像罗杰·肯普所说的丹蒂反抗习惯和口号，对于复数，他们要单数；对于劳动，他们要闲暇；对于利润，他们要无偿；对于家庭的合理经济，他们疯狂地反对。他们以拒绝的姿态计划性地回应资产阶级教条的侵略。"

——生田耕作[02]，《丹蒂主义》

丹蒂们穿衣需要两个小时，对穿衣这件事驾轻就熟，"就好像衣服没有重量似的"，同时，"即使自己是某潮流的作者，

---

02　生田耕作（1924 年 7 月 7 日—1994 年 10 月 21 日），日本法国文学学者、评论家。

141

也绝不追寻这个潮流"。丹蒂们彻底地远离那些只是沉迷于单纯时尚的卑微态度，即使以完全相"反"的形式，也要严格禁止自己与它联结，以这种姿态的连贯性来塑造自己。

最后，是一种对共同风格的框架的嘲弄和无视的方法。

例如异装。把既定意义的框架打乱，弃置于身后，而自己则走到前面。一边吸引他人的视线，但又全部辜负他们。

"在为了角色化妆时，皮埃尔·莫里尼埃[03]把我脸上的毛发全部剃光。他对我说'变装之所以有趣，是因为它引起了混乱。你必须看起来又不像男人，又不像女人。所有的分类都不适用于你，你要成为未知的动物，混乱的一个要素，你不应该被任何人理解'"。

——《化妆 / TRAVERSES 1》

除了激励动摇共同意义的体制外，还有另一个方式能够直面"我"的过剩性：将划定"我"存在界限的世界里的标准——动摇。比如说将"我"的人称存在匿名化。将它和野性（动物性）的边界、与物质的边界、内与外的边界、男与女的边界、生与死的边界全部都打乱到极限。把"我"逼到要

---

03 皮埃尔·莫里尼埃（1900 年 4 月 13 日—1976 年 3 月 3 日），法国艺术家、摄影师。

爆炸的边缘，是确认"我"的轮廓的一种极端尝试（如第 2 章第 5 节里所说的 SM 游戏）。不过，之前所述的"想看的"与"可见的""被看见的"之间，如果将它们之间的断裂加以关联的话，可以尝试把"所看的"和"可见的"分配给自己或他人，与他人共谋填补这个裂缝。切断"看"和"被看见的东西"这种双重意义的关系，将其中一项意义关闭。把看的行为禁止，把自己变成所看的客体。通过这个纯粹的被动性使自己的存在具体化。

作为纯粹的对象固定下来的"我"中所贯穿着的、令人不快的、朦胧的感情，和直面照片和磁带中的"我"时的感情，恐怕是相通的吧。 比如朋克时尚。朋克在街上看到他人的时候会装作没看见的样子，他们在自己的可视表面集中地感受他人好奇的视线，像帝王一样在检阅他人视线的同时，却用其威赫的风格和眼光一举把路人的视线赶走。他们既在"看"，同时也是"被看"。由此，他们将自己华丽地置身于这种我们根源性的二律背反之中。

但是，无论采取哪种方法，在"我"的可视存在中的空白是无法完全被填补的。也许空白的完全填充，其代价就是"我"的死亡。这样一来，"我"总是在死亡的途中。空白不能完全被填充，所以时尚也就必须变换。

## 4 使其无序的秩序

### 闭合不了的圆环

时尚是可视性的样式化，它在我们之中引起了同样感觉的嘈杂。毫无疑问，时尚是集体性的现象。可是，我所做的梦都是我的，不是其他任何人的。每一个不同的我追求"我"的时候，其热度互相传染形成集体性，我们总是以不同于他人的风格来梦想自己。

但是，"我"为什么总是只能做梦呢？我们首先需要看到一个简单的事实，就是"我"的可视性其实是被解除的，也就是说，我们看不见。"我"的映像对我来说只是想象中的东西，我始终无法与自己的可视性保持一致，我永远都追不上自己。

所以我们不断地寻找能够照出自己的镜子，也就是他人的目光。"想看的"与"可见的"我之间被切断的回路，由名为他人的插头连接上。为了能确认"我"，我试图关闭这个回路。但别人的视线不属于我，所以这一切都是存在于想象中的，永远不会完结。对于他人来说也是一样，因为若使得他或她成为"我"，也需要一个连接。这样一来，我们形成了一种共犯关系，各自的我，为了成为"我"，却沉浸在共同的梦里。在隔着桌子和谁面对面的时候，我们不断地交换目光，实际上，我们追求闭合的圆环是个自恋的梦想，而我们总是徒然地想使自己和这个梦想交集起来。alone together…

是的，无论到哪里都是空虚的。但是，正是在这样的虚构中出神的时候，我们每个人才是最现实的"我"。为什么会出现这个反转呢？因为，"意义"只在可视性中出现。它用看不见的线重新编织看得见的东西。

"我们想要将自己藏在某张脸下的东西找出来，正要去读那张脸的同时，我们却默默地把那张脸当作了面具。"
——加斯东·巴什拉，《梦想的权利》

为了根据意义重新制作一个可视性，就必须在可视性本身的平面上加入各种各样的差异：分割、复制、折射、歪曲……想要给予可视性一个风格，并且以此让自己的可视性动摇，总之改变是十分必要的。为了让这种动摇发生并放大，我们想出各种技术，动员所有的支援，四处设置意义涌出的地带，然后将它们的意义作为"我"的可视性来回收。不过它只是从"我"的可视性游戏中被编织出来，虽然可视性在这里是记号，却并不是隐藏背后存在的面具。

"如果衣服是'预告'，那它只对不存在的文本有价值。"
——勒穆安-吕西奥尼，《衣服》

在前一章里我写道，我们需要通过动摇意义的框架来间接确认自己的存在。正是因为在共同意义的框架里不能存在一个正文，我们必须不断地动摇使意义持续。

**意义的生产 / 清算**

作为意义的媒介，"我"这个圆环真的无法闭合吗？

这是一篇来自 1988 年的时尚评论：

"贴合身体线条的紧身连衣裙和迷你裙，决定了强调'女人味'的时尚。另外，缩短腰围的礼服和传统剪裁的西装也完全复活了。设计师在热衷描绘女性形象的时候，也从爱撒娇的可爱小姐转移到了成熟女性的身上。

"但是对于一边倒的性感女性形象，私人因素的添加也逐渐增强。即使是年轻人，也强烈希望在时尚方面看起来有内容，像个大人一样。"

　　　　——柳原美纱子，《知性的性感》，载于《朝日新闻》
　　　　　　　　　　　　　　　　　　1988 年 7 月 25 日

在这几年里，时尚的女性非常繁忙。从"飞翔的女人""自立的女人"开始，变成知性、健康、成熟、性感的大女人，穿着上时而宽松时而紧身，有时避开花纹全身都穿黑色。时尚就是这样，总是与意义联动，在一边加料的时候，另一边的意义就失去效力，不停地转移。它不是一种积累，而是一种循环。我们就无奈地被卷入这种时尚的旋转运动当中。只有拒绝时尚的人才会慢半拍，因为这半拍却反而变得突出，时尚真是讨厌。

时尚的转移与循环遵循两个变形的规则：（1）可视性的变换以身体组织模拟的形式发生，不可以是自然的再现，但也不能完全废弃与抹去自然。（2）因为贯穿"我"可视性存在的裂缝永远不会填满，我们为了成为"我"，作为代价就需要创造出新的意义框架，把自己嵌入其中。同时还要不断动摇这个框架。

在有限的可能性里，如果要追求与现有可视性风格不同的风格，也只能在某个有限的区间内移动。我们检查一下过去的存档目录，然后再引用一部分别的什么，这就是时装设计的正统手法。也正因如此，在我们面对最新时尚的时候，总有一种"虽然没见过却很怀念"的感觉。

但是，我们总是在想要好好参与这个运动的时候，发现自己被背叛和玩弄。时尚不仅仅自身不断地向别的东西转换，在它的内部也会产生差异。衣服是谁都可以穿的，人们为了改变自己可视的存在，实现至今为止不同的风格（换句话说，为了重新接受自己），用全新的时尚衣服和妆容包裹

**148**

住身体。而时尚总是危险的。我们只要穿着自认为散发"个性"特点的衣服走上街头，总有可能会遇上穿着和我们一模一样衣服的人。如果遇到同样的妆容、同样的耳环、胸针、西服，我们会两眼发直，突然陷入恐慌。甚至还有一些迷信地认为，如果在街上遇到和自己外表完全一样的人，第二天自己就会死。如果我真的是一个"我"的话，一定会和他人做着不一样的可视性的梦吧。这样一来，我的存在就消失不见了。所以我们总是注重服装的搭配，重视细节，让意义上能够整体转换。时尚在这个过程中让意义不断增值，错开意义作用的配置。

不过在这里被给予的东西太少、太过定型——就像刚才的时尚评论中所说的"女人味""可爱小姐""像个大人""成熟""性感"。如罗兰·巴特写的一样，时尚对存在外的常识怀着敬意。而且时尚最终也只是入时与过时的问题。如果所有的事情都抱有相同的意义，那就几乎等于没有任何的意义，这样一来意义就急剧减少。沉浸在时尚里，遵从它的指令，连续不断地产生差异，才能感受到幸运。

组成衣服的素材是有限的，构成衣服的手法也是有限的。在这些有限的数量里意义不断产生并转换，充满惊人的多义性。一件紧身衣、裙子、丝袜，对于我们来说，到底是"春药"还是"心灵的铠甲"呢？这种能被另外解读的可能性永远都不能被消去。当一个对象反映出多个意义，甚至意义

**149**

之间互相反对时，我们当然不得不面对其暧昧带来的不安。

　　把意义的泛滥和枯竭作为动机，让在可视性中的不安与幸福交替，在衣服意义作用中的双重不平衡让时尚的变换增强。时尚的运动禁止了圆环的闭合，禁止了单方面的收束。它一方面让我们成为各自的"我"，让我们做着安定的梦；另一方面，又暗示我们成为所有的可能，诱惑我们去做另一个梦。但它不会让我们完全站在任何一边。

　　"时尚就是这样，企图作出背叛自己好不容易创造出来的以奢侈为目的的反奢侈论。

　　时尚，就是为了成就无秩序而存在的秩序。"

——罗兰·巴特，《流行体系》

## 5  光明的虚无主义?

### 无法拥有的皮肤?

自己为了成为自己,把"为了无序而存在的秩序"的时尚嵌入身体里的"我",到底是谁?我们每一个人,为了成为"我"这一特殊存在,互相调和可视性的样式化,在每一季都把共同的样式废弃、变换、隔开。

我们设计自己的可视性,被这个过程吸引。化妆、彩绘、穿衣打扮,我们使用这些技巧,把自己的身体隐藏在另一个表面之下。在这一点上,我们是对自己的身体直接加工和变形,或是使用服饰这个媒介,并没有本质上的差别。它们都和同一个主题息息相关——可视性的转换。然而,在使用时尚来进行可视性转换的时候,有一个附加条件:可视性的表面必须是能够交换的。像刺青一样在身体表面上无法更换的图案,和可穿可脱的衣服之间有一定的差异。"随意性"侵入我们身体物理的存在条件,在对"我"的整形过程中引起某种决定性的转换。

蒙田的《随笔集》中有这么一段:在隆冬的某一天,人们用貂皮裹着耳朵,有一位穿着一件衬衫却毫无问题的乞丐。有人问他为什么穿成这样也没事,他回答道:"您看您不是也把脸露出来了吗？我的全身都是脸。"蒙田想用象征性的手法来说明，像穿衣这样人为的习惯使人类丧失了本身的自然能力。也是，我们曾经全身都是脸，什么时候开始，除了脸之外，都变成了衣服呢？

勒克莱齐奥这样评价印第安人的身体涂饰：

"为了拥有皮肤，让它成为意识的皮肤，印第安人凝视皮肤。他一个一个查看细节，斟酌、理解、爱。印第安人的皮肤不是单纯的皮膜，是涂画、描绘、记录的表面。皮肤必须要像画布一样被准备好，为了准备好被画，必须要好好照料。因为这种关怀，印第安人的皮肤成了梦想的基地。为此他花很多的时间：精心除毛，洗涤，用石头打磨。他们长期泡在香水中，用树叶按摩皮肤，让它柔软。他的皮肤已经不是与时间、阳光、气候变化对抗的那个粗糙的、毛茸茸的男性表面，而是光滑的、中性的、理想的画布。只有在那里，充满咒语的纹样才能没有障碍地、无间断地扩大。"

——《力量》

读到这里，印第安人按摩皮肤，给皮肤画上鲜明花纹的行为，让我联想到现代女性乐此不疲地探究化妆品。"画"这个行为，并不是"我"的行为。勒克莱齐奥说，"这只手的背后，并没有任何人"。他认为，印第安人把自己看作通向世界的媒介，与其他的人不同的是，他们对"我的"这个署

**152**

名性的东西并不感兴趣。"画"这个行为，或是被画的肉体，只是世界意识的事实，皮肤上的纹样并不代理什么，表现什么，包裹什么，不是符号，而是世界的脸本身。与之相反的是，现代时尚化的皮肤，化了妆的脸，都散发着一种死亡的气息。"我"的出现本身就是皮肤的死亡。

## "死亡"的表面

勒克莱齐奥说，我们时尚化的可视性表面，现代的皮肤之上，总是萦绕着一股"尸臭"，他到底是什么意思呢？

对我们来说，自己可视性的变换，是为了成为我们各自独一无二的这个"我"的尝试。像我说的，"我"的可视性存在对我来说，只能部分地被看见，所以"我"只能做梦。为了填补这个可视性的空白，我们作为映照出"我"的镜子，吸引他人的视线。正在看的我一边吸收别人的视线，一边作为被看的对象而构成自己。对于每一个他人来说，也都一样。为了自他之间的共犯关系作为共同意义的媒介，在可视性的平面发生，我们将自己的可视性切断、折叠、歪曲，试图介入自己的可视性。

看着广告里模特化着完美妆容的脸，我不由地想到超市里被保鲜膜紧紧包裹的蔬菜和水果。在它们身上，收获的地方，生长的艰辛，阳光的痛楚，风的香气都没有留下任何的痕迹，除了那个光滑的表面。就像我们现代的皮肤。

"既不分泌又不排泄的第二皮肤。它既不过热，也不过冷，毫不粗糙，没有固定的厚度。它是透明的、被功能化的皮肤。"

——让·波德里亚，《象征交换与死亡》

把身体表面用透明的膜覆盖的操作，和为了画出交通符号而整平地面的过程十分相似。去除毛发，用化妆水、面霜，涂抹粉末，一层又一层地延伸，掩盖污点，让表面变得平滑，给予它透明的光辉。同时，再从皮肤上夺走原有的阴影和固有的记忆，消除时间的苦闷与痛苦。然后再用眼线、眼影、眉笔、睫毛膏、腮红、唇膏等工具，让另一个面孔，让用时尚符号组织而成的全新秩序在那里出现。

化妆也是时尚化的可视性设计，它把我的可视性存在中固有的意义和时间的深度消除。"我"的存在被一点一点吸入这空虚的表面，然后被吞没，这一点从每个人卸装时那平淡的表情里就能看出。

"化妆在对脸从内而外暴力地消除一切痕迹的同时，自己也从内侧吸收这种暴力。用化妆这个薄膜覆盖上，所有的暴力就看不见了。

"但是问题是'打造新皮肤'这件事。将素颜的皮肤用表面光滑的媒介调换这件事。除了表面之外别的什么都看不到，所以化妆后的脸是'透明的'。然而'水灵灵气色好'的皮肤，除了在皮肤里存在以外，在任何地方都不可能存在！"

——《欲望的美学》

在时尚化视线的交错中，"我"的存在被用时尚的计划施展整形手术，可视性的表面被还原，通过透明的膜，与他人隔离。在时尚里，与他人的关系被符号替代，脸成为抽象的衣服，像海报一样的脸是全新共同体的媒体。

我们沉浸在时尚现象中的同时，在为了成为独一无二的"我"而做的梦中，那张脸并不是自己本身的脸，而是一张标准的脸。然后我会遵从时尚的指示，移动在所规定的轴线上，追寻轴线上的可视性。所以我们只要看到镜子的时候，就会马上不断检查自己的可视性，是不是在这条线上。时尚入侵了我成为"我"的过程，让我只能成为"我"。它命令我们注意自身的可视性，用一定的眼光审视"能被看见的自己"。

为什么？不管我们怎么问，时尚都不会给出答案。时尚以权利关系和生产关系为手段，即使我们共同的潜在意识会介入其中，时尚还是会通过这种关系改变到另外一个局面。这一季里的"性感""优雅"，到下一季转眼就会变成"土气"。想读出时尚变换中意义的连续性，也只能读出背叛。时尚是

"把所有符号都放在相对关系中的地狱"。(让·波德里亚,《象征交换与死亡》)

如果真的有激进的时尚,那肯定是一种至今为止谁都没有见过的人类形象。对于时尚的任何拒绝都能马上变成时尚。愚弄所有意义的时尚构造,被时尚本身所愚弄。究竟是否存在能逃离这个构造之外的时尚呢? 不限制意义的时尚? 完全禁止意义的时尚? 不渴望意义而是渴望渴望本身的时尚? 但是愚弄时尚本身的契机只存在于时尚里,就像时尚只存在于时尚里一样。

**散逸的感觉**

时尚不断地变换我们的可视性。它在我们身体表面的各处配置能涌出意义的装置,把我们幽闭在充满意义的印象中。它一旦看到我们完全被那个意义附着,就马上给那个产生意义的装置贴上"无效"的标签,然后把它解体。衣服和饰品,作为时尚的媒介,一边把我们引导进圆环的内部,一边又把我们带到外部。梅洛-庞蒂说:"某一类大脑损伤的患者,由于传送自我感觉的表面减少,导致他脑部会创造一个狭小的环境,封闭起那部分使其生活的某些部分变得不可能的危险性。"衣服也是一样,为了让"我"不在过多的多样性中破裂,我们封锁梦想,使我们的存在缩小在一定的意义框架之中。这种藏身之地颇为有效。

**156**

衣服紧贴皮肤，压住皮肤，抚摸皮肤，摩擦皮肤……我们的身体通过衣服与饰品这些物质媒体的接触，在表面上产生嘈杂的感觉。棉花、绸缎、毛发、牛仔布、羊毛、羊绒，或是皮革、尼龙、橡胶、塑料、金属、矿石、油或纸，与不同的材料接触时，身体的表面也会出现不同的感官世界。触觉作为我们最基本的存在感觉之一，在可视性的表面上不留痕迹地运动。

但它并不是和可视性无关的。我们的各种感觉各自分离工作，但又相互交错、渗透、翻译，互相之间产生共鸣。就好像是音乐的节奏能够改变色调，我们看着声音，听着颜色。

"每个感官通过向事物的构造打开自身，相互交流。我们能够看到玻璃的坚硬与脆弱。是因为我们看到玻璃，也看到玻璃破碎时透明的声音。同样我们也能看到钢的弹性和烧热后钢的延展性，亚麻和棉织物的柔软，铸铁的重量，水的流动性，糖浆的黏稠。同样，我们的耳朵在来往的车辆中能听到铺石的硬度与凹凸，或是'柔软的声音''没有光泽的声音''疼爱的声音'。所以说，即使每个感官属于不同的世界，它们都是调剂事物的一个方法，它们全部通过意义的核心相互交流。"

——《知觉现象学》

通过服饰的可视性的变化，也同其他很多的感觉一起互相反应，展开自我。皮革光滑发亮，丝绸艳丽闪光，合成纤维肌理均匀，矿石耀眼的光芒，它们同时在身体的表面覆盖着、摩擦着、紧缩着、扩张着、弯曲着，传达着不同的感触。人通过衣服激起皮肤感觉，还用视线来抚摸他人的身体。

只是，衣服和化妆让可视性涌出的意义与通常的知觉对象不断地反转，感觉的相互交换也随之多重化，意义溢出的形式变得散乱。就像因为某种力量让感觉变得松弛的时候，同感会加强，我们被感觉之间随心所欲的玩笑吞没。

**名为"我"的不均衡**

被吞没了？对，可视性的变换和各种感觉的嬉戏把"我"吞没了。因为，感觉这个东西，总是在"我"的边缘，匿名地发生着。

在朗诵诗歌的时候，我们被音韵的构成、音调、节奏与文字带到规定好的意义世界之中。化妆与衣服也通过各种各样的"共鸣"催生全新的形态，把构成我们可视存在的意义推向那里。如果像索尼亚·里基尔说的，她所追求的衣服是"从自己内心生长出来的衣服"，那么衣服就是从内部"我"都不知道的另一个身体生长出来的。通过身体这个感应器，把世界与意义错开，反之也是可能的。就像我们所说的"把刘海剪了世界都明亮了"，或是"穿上这件衣服好像自己都变得不一样了"。

　　衣服有着和可视性不同次元的感觉，让我的存在感情不断转移，因为在"我"的边缘存在的那些感觉，比"我"还要古老，还要不记名。如果说感觉突然关闭我追赶着"我"的意识回路，说不定会把我们拉进让人意想不到的未知回路。（梅洛-庞蒂说：不管什么样的感觉，都暗含着"梦"和"精神分裂"的萌芽。）这个时候，不可能被填补的可视性空隙，到哪里都落后于自己存在的那个"我"，在不觉中已经被自己超过。"我"在"我"自己那个被编织的没有名字的运动中动摇着，被淹没。自己变成了另外的自己，自己变得不再是自己，痛苦和快乐融合在一起，让我们沉迷于这种痉挛状态。只有在"我"的存在转向别的秩序的时候才可以成为可能。这么说来，化妆和穿衣打扮最大的诱惑不仅仅是引诱"我"去变换，而是通过"我"之外的各种感觉这扇旋转门，让"我"知道"我"的存在条件就是变换本身。

　　我不断追求"我"的这个自恋的回路，是时尚的载体。在这个回路中，存在于某个共同体中的"我"被不可视的视线贯穿，"我"也在生成和崩溃之间往返。这种两义性最早出现在制服身上，所以我在之前说，所有的衣服都是制服。衣服的这个两义性，从企图超越自然运动的内部分泌出背叛自己的动性，然后不断动摇着，这就是从一般的视线看到的

159

文化生成的过程。我成为"我"的过程只有在试图超越自然运动贯穿其中才能成立，这也是"我"的存在条件本身。

"以背叛自己好不容易创造出来的奢侈作为它唯一目的的意义体系"，罗兰·巴特这样定义时尚的现象。时尚不断地玩弄我们，只要"我"的自我解释和我们自己的存在之间存在偏差，只要是"我"的远近存在着不平衡，时尚对于"我"来说就无法被废除。

"人们相信，某种力量与悲剧关系紧紧相连，让人在是自己的时候又不是自己。"
————朱尔·莫内罗[01]，《超现实主义与神圣》

---

[01] 朱尔·莫内罗（Jules Monnerot，1909 年 11 月 28 日—1995 年 12 月 4 日），法国著名社会学家、哲学家。

# 引用资料

《化妆 TRAVERSES/1》，1986 年

生田耕作，《丹蒂主义》，1975 年

石山彰，《服饰辞典》，1979 年

阿诺德·范·根纳普（Arnold van Gennep），《通过仪礼》
(*Les Rites de passage*)

植岛启司，《SM 时尚》，《尤利卡》1986 年 3 月号（特集：
时尚——都市的媒体装置）

海野弘，《流行神话——时尚、电影、设计》，1976 年

何塞·奥尔特加·伊·加塞特（José Ortega y Gasset），
《爱的研究》(*Estudios sobre el amor*)，1940 年

史蒂芬·科恩（Stephen Kern），《人体构造和命运：人体
的文化史》(*Anatomy and Destiny: A Cultural History of the
Human Body*)，1975 年

格林兄弟，《格林童话》，1812

皮耶尔·克罗索夫斯基（Pierre Klossowski），《萨德我
的邻居》(*Sade mon prochain*)，1947

维克多·埃米尔·冯·葛布萨特尔（Viktor Emil von
Gebsattel），《恋物癖的现象学》

涩泽龙彦，《少女集序说》，1985 年

帕斯卡尔·赛塞（Pascale Saisset），《服装史》(*Histoire
du costume : Science vivante*)，1959

米哈里·契克森米哈赖（Mihaly Csikszentmihalyi），《超
越无聊和焦虑》(*Beyond Boredom and Anxiety: Experiencing
Flow in Work and Play*)，1975

弗里德里希·威廉·尼采（Friedrich Wilhelm
Nietzsche），《快乐的知识》(*Die fröhliche Wissenschaft*)，

1882

加斯东·巴什拉（Gaston Bachelard），《梦想的权利》（*Le droit de rêver*），1970

加斯东·巴什拉（Gaston Bachelard），《空间的诗学》（*La poétique de la rêverie*），1957

罗兰·巴特（Roland Barthes），《神话》（*Mythologies*），1957

罗兰·巴特（Roland Barthes），《流行体系》（*Système de la mode*），1967

罗兰·巴特（Roland Barthes），《萨德，傅立叶，罗犹拉》（*Sade, Fourier, Loyola*），1971

罗兰·巴特（Roland Barthes），《文之悦》（*Le Plaisir du Texte*），1973

罗兰·巴特（Roland Barthes），*Zig Zag* 采访，1982

布莱兹·帕斯卡（Blaise Pascal），《思想录》（*Les Pensées*），1669

罗西塔·李维（Rosita Levi），《意大利服装史——流行·社会·文化》（*Il costume e la moda*），1978

曼努埃尔·普伊格（Manuel Puig），《蜘蛛女之吻》（*El beso de la mujer araña*），1976

西摩尔·费舍尔（Seymour Fisher），《身体的意识》（*Body Consciousness*），1979

爱德华·福克斯（Eduard Fuchs），《欧洲风俗史》（*Illustrierte Sittengeschichte*），1909

菲利浦·佩洛（Philippe Perrot），《服装的考古学》（*Fashioning the Bourgeoisie: A History of Clothing in the Nineteenth Century*），1985

让·波德里亚（Jean Baudrillard），《象征交换与死亡》

（*L'Échange symbolique et la mort*），1976

让·波德里亚（Jean Baudrillard），《论诱惑》（*De la séduction*），1979

夏尔·皮埃尔·波德莱尔（Charles Pierre Baudelaire），《现代生活的画家》（*Le Peintre de la Vie Moderne*），1857

三木清，《构想力的理论》，1967

莫里斯·梅洛 - 庞蒂（Maurice Merleau-Ponty），《知觉现象学》（*La Phénoménologie de la perception*），1945

莫里斯·梅洛 - 庞蒂（Maurice Merleau-Ponty），《世界的散文》（*La Prose du monde*），1969

莫里斯·梅洛 - 庞蒂（Maurice Merleau-Ponty），《眼睛与精神》（又译作《眼与心》）（*L'OEil et l'esprit*），1960

朱尔·莫内罗（Jules Monnerot），《超现实主义与神圣》

米歇尔·德·蒙田（Michel de Montaigne），《随笔集》（*Essais*），1580

索尼亚·里基尔（Sonia Rykiel），《我情愿赤身裸体》（*Et je la voudrais nue*），1979

艾莉森·卢瑞（Alison Lurie），《服装的语言》（*The Language of Clothes*），1981

尤金妮·勒穆安 - 吕西奥尼（Eugénie Lemoine-Luccioni），《衣服》（*La Robe : essai psychanalytique sur le vêtement, éditions du Seuil*），1983

让 - 马里·古斯塔夫·勒克莱齐奥（Jean-Marie Gustave Le Clézio），《力量》（*Haï*），1971

伯纳德·鲁道夫斯基（Bernard Rudofsky），《不好看的身体》（*The Unfashionable Human Body*），1971

R·D·莱恩（Ronald David Laing），《经验的政治学》（*The Politics of Experience and The Bird of Paradise*），1967

R·D·莱恩（Ronald David Laing），《自我和他人》（*The Self and Others*），1961

克洛德·列维 - 斯特劳斯（Claude Lévi-Strauss），《忧郁的热带》（*Tristes Tropiques*），1955

雅克·洛朗（Jacques Laurent），《穿衣的裸体，脱衣的裸体》（*Le Nu vêtu et dévêtu*），1979 后记

# 后 记

想到时尚的时候，本来是被它的轻松吸引，却总是不免被它的沉重占据双眼。

打扮得美丽耀眼的人有很多，当我被这些人看到的时候，很想当场消失。自己的这种心理是非常难受的。有很多和我一样被这个心理囚禁的人们，因为无法完全隐藏这份困惑，看到他们的表情和身体才是最难受的。但是更难受的时候是，在这个时候亲眼看那些耀眼的人们是如何走到镜子面前欣赏自己的。

为什么我们对自己的可视性这么没有自信呢？为什么在我们的身体周围总是存在着这些不安呢？在时尚这个现象面前，我被这一个又一个的问题绑住。

时尚是残酷的。它利用我们的脆弱，勉强我们去不同的地方，在快要到达的时候，又决绝地将我们抛弃。同时，时尚也是意外地随意，它将我们的脆弱用面纱遮起来，让我们不用直面它；但有时也让脆弱的我们脚不着地，担惊受怕。

虽然现在我写完了自己的第一本关于时尚的书，但是对于这个一边支撑一边玩弄我们存在的时尚现象，对于这个谜，我却并没有感觉很清晰。把我们卷入的时尚，总是"现在"这个时代的时尚。想要我就现在的时尚说点什么，总是感觉说不出来。当我们在谈论时尚的时候，时尚会让时尚自己爆炸，然后瞬间离场，让人无话可说。时尚总是超越自己的这个运动，我到底要用什么语言去表达，到底从哪里开始去说，我的立场和角度到底在哪里呢？除了思考强度的缺乏，找不到一个很好的玩转时尚的风格也是一个理由吧。在时尚的丛林中，想在这片丛林里开辟一块空地，却又总不知从哪里下手，这让我感到十分茫然。

这本书里收录的文章于 1987 年 7 月到 1988 年 12 月间在 *Marie Claire* 杂志上连载过。与其说这些文章是我写的，不如说这是大家一起收集的结果。在这个过程里，我越来越明白自己与他人之间的区别，这种体验一次一次地给我带来快乐。在我和 *Marie Claire* 杂志编辑部的安原显先生第一次见面的时候，他说想让我"不开玩笑地认真"讨论时尚这个对我来说完全未知的世界。主编白井和彦先生大方地给了我这些不那么时尚的文章四页的版面，每一次还从大石一男先生的时尚摄影作品中找出那些"问题作品"，为我这些拙劣的文字增添了不少色彩。虽然这些侧面的援助我在连载结束后才知道，我对白井先生无言的鼓励非常感激。我也要感谢清野贺子小姐，她总是耐心地等待我踩着截稿时间点完成原稿，整理与校对各种杂乱与错误。她在电话那头说着"我们等到 11 点吧"的声音，让我怎么也忘不了。如果没有 *Marie Claire*，我可能这辈子都不会接触到时尚吧。

　　另外，在连载和改稿的过程中，以及像现在这样整理成书的过程中，我的工作得到了很多人无形的帮助与温暖的支持。对于每一个人，我想学着德国人，对大家说"一千个感谢"（Tausend Dank）。现在所有的工作都已完成，我对菊地信义先生（本书日文版的装帧设计师）会为这本书穿上什么样的衣服感到非常期待。

1989 年 3 月 6 日

鹫田清一

## 图书在版编目（CIP）数据

时尚的迷宫 /(日) 鹫田清一著；吴俊伸译. -- 重庆：重庆大学出版社，2019.10（2021.9重印）

ISBN 978-7-5689-1678-3

Ⅰ.①时… Ⅱ.①鹫… ②吴… Ⅲ.①哲学－研究 Ⅳ.①B

中国版本图书馆CIP数据核字（2019）第149955号

**时尚的迷宫**
SHISHANG DE MIGONG

〔日〕鹫田清一 著
吴俊伸 译
舒 敏 审校

责任编辑：张 维 责任校对：谢 芳
装帧设计：typo_d 责任印制：张 策

重庆大学出版社出版发行
出版人：饶帮华
社址：(401331) 重庆市沙坪坝区大学城西路 21 号
网址：http://www.cqup.com.cn
印刷：天津图文方嘉印刷有限公司印刷

开本：787mm×1092mm 1/32 印张：5.5 字数：125千字
2019年10月第1版 2021年9月第2次印刷
ISBN 978-7-5689-1678-3 定价：49.00 元